不存在の証明

―邪馬台国異聞―

合六 廣子

Gouroku Hiroko

郁朋社

不存在の証明　―邪馬台国異聞―／目次

第一章 「魏志倭人伝《ぎしわじんでん》」の謎 ——— 9

その1　わが国の紹介　9

その2　邪馬台国《やまたいこく》はどこにあったの？　10

第二章 邪馬台国への旅 ——— 15

その1　帯方郡《たいほうぐん》から狗邪韓国《くやかんこく》へ　16

その2　狗邪韓国から対馬《つしま》国へ　18

その3　対馬国から壱岐《いき》国へ　19

その4　壱岐国から末盧《まつろ》国へ　21

その5　末盧国から伊都《いと》国へ　23

その6　伊都国から奴《な》国へ　25

その7　奴国から不弥《ふみ》国へ　28

その8　不弥国から投馬《とうま》国へ　31
その9　投馬国から邪馬台国へ　35
その10　狗奴《くな》国について　53
その11　帯方郡から邪馬台国まで　56

第三章　邪馬台国 ―― 62

その1　女王の名　62
その2　冬の生野菜サラダ　64
その3　赤い化粧　66
その4　お酒好き　71
その5　巨大古墳　72
その6　「かぞえ歌」　84

第四章　邪馬台国と大和王権・大和朝廷——91

その１　国の呼称の類似性　91
その２　古墳出土品の共通性　94
その３　神話の舞台　95
その４　物語る埴輪　111
その５　邪馬台国の倭人の習俗　113
①『死後の世界をどうとらえるか』　114
②『占う』　118
③『社会秩序』　120
④『礼儀正しさ』　121
⑤『刺青《いれずみ》』　123
その６　ヒミコとアマテラス　126

参考文献・引用文献　130
あとがき　132

装画／合六廣子
装丁／宮田麻希

不存在の証明

――邪馬台国異聞――

第一章「魏志倭人伝《ぎしわじんでん》」の謎

その1　わが国の紹介

「魏志倭人伝」とは、

中国の魏（二二〇〜二六五年）の史書『魏志』の「東夷《とうい》」の条に収められている、日本古代史に関する最古の史料（「広辞苑」より）である。

二千字ほどで書かれていて、四百字詰め原稿用紙では五枚ほどの量になる。中国の晋《しん》（魏の後の王朝）代の歴史編纂《へんさん》官陳寿《ちんじゅ》（〜二九七）が書いたものである。その中に、古代のわが国にあったという邪馬台国《やまたいこく》の紹介がある。

二三八年（弥生時代後期）に、邪馬台国の女王卑弥呼《ひみこ》は、中国（当時、中国は「魏」

「呉《ご》」「蜀《しょく》」の三国時代であった）の魏王朝に朝貢《ちょうこう》したという。その返礼として魏の都洛《らく》陽《よう》からやって来た使者が見聞した、邪馬台国へ至るまでの道のりや当時の倭人《わじん》（日本人のこと・中国からの呼び名）の習俗等が簡潔に描写されている。

「魏志倭人伝」（今後は「倭人伝」で統一する）には、邪馬台国は邪馬壹《いち》国と出てくる。しかし、中国の『後漢書』『隋書』などには、邪馬臺《たい》（＝台）国と出てきて、魏書の「壹」は「臺」であるということなので通常使われる邪馬台国で拙著も今後通すことにする。

その２　邪馬台国《やまたいこく》はどこにあったの？

「倭人伝」を読んだ後世の日本人は、「？？？」となった。

一体、邪馬台国はわが国のどこにあったのかとなったからだ。

「倭人伝」が一般に広く公開されたのは、戦後になってからだという。まだ百年も経っていない。江戸時代から一部の学者達が邪馬台国の位置を研究していたが、結論に至らなかった。

その疑問は、現代に至るまで、連綿と引き継がれている。

邪馬台国の位置についての見解・主張は様々である。畿内だったり、北部九州だったり、南九州だったり、宮崎県だったり、徳島県だったり、沖縄県だったり、などなど。枚《まい》挙《きよ》に暇《いとま》がないほどだ。

現在は、畿内説と北部九州説に大きく二分されているとも言われる。俗に、「邪馬台国論争」と言われるものだ。場所が明確ではないので、邪馬台国は、ここにあったのだという声が全国各地から上がる。多くの書物も出版された。邪馬台国は、つまるところ無かったのだという説まで出た。参加者は、歴史学者・考古学者・文化人類学者など学者という名のつく人々・作家（いわゆる物書きと言われる人々）・その他の人々である。

なぜ、邪馬台国の所在地がわからないのか。

どうして、邪馬台国の位置について解釈がわかれるのか。「倭人伝」の記述通りに行くと、最終的には九州のはるか南海上にドボッと落ちると言われている。

そもそも、「倭人伝」とは、古代の中国人が古代の日本人の話を聴き取り、当時の中国の文章にしたものである。名称などについては、日本人の発音を中国の漢字に当てはめたものになっている。これは、万葉仮名《まんようがな》のようなもの、つまり、当て字である。

注・万葉仮名→上代に日本語を表記するために漢字の音を借用して用いられた文字のこと。

※日本最古の歌集「万葉集」は、この万葉仮名で書かれている。

〈例〉熟田津尓船乗世武登月待者→熟田津《にぎたつ》に船《ふな》乗りせむと月待てば

「倭人伝」には、明らかな誤写も見られた。そこで、この部分も聴き取りミスか、転記ミス、転写ミスではないかとなり、読み手の日本人が勝手に我田引水し、自説を主張した。

例えば、「倭人伝」中の方位の「南」は「東」の誤り……だから、邪馬台国は、畿内にあった。いやいや、ここは「東」ではなく「南」だった。……だから、邪馬台国は、北部九州。などなど。他に当時の方位や距離の違いからなどなど。つまり、「倭人伝」の読み取り方が人それぞれなのである。

そういうわけで、邪馬台国論争は、いまだにエンドレス状態である。

今回、この論争に、不肖筆者も勝手に末席に加わらせてもらうことにした（参加することに意義がある?）。実は、一、二年前から、そういう気持ちをひそかに抱いていたが、実行できないでいた。

そんな折、土田章夫氏の著書『邪馬台国は宮崎市にあった！』（二〇二一年八月）が出版されたのを知った。ああ、もう書けないな。二番煎《にばんせん》じになるなと思った。

著書を拝読してみた。倭人伝に記載された高官名や国名が現在の地名に残っているなど、興味深く、賛同するところも多かった。が、微妙に土田氏と筆者の主張がずれているのに気づいた。特に、邪馬台国の範囲を宮崎県の一部（南部）と鹿児島県としているのに違和感を覚えた。

確かに、七世紀、律令制国家が成立した時、日向国は現宮崎県と現鹿児島県を二県合わせた規模の国ではあったが……。鹿児島県は、大きく分けて東側は大隅半島、西側は薩摩半島である。大和朝廷に抵抗し、隼人《はやと》と呼ばれた集団で、しばしば反乱を起こしたという。筆者は邪馬台国イコール大和朝廷と考える側に立つので、これには同意できない。

また、宮崎県の北部が抜け落ちているのも不可解である。

そこで、筆者なりの考えを述べさせてもらえたらと考えた。

まずは、筆者の出発点・取り組む姿勢を述べるなら、「倭人伝」をできる限り丁寧に原文に忠実に読んでみようということだ。勝手に書き換えはしたくない。おそらく古代中国の人達も国の歴史書づくりに真摯《しんし》に向きあい、正確に記そうとしたはずだ。「南海上にドボッと落ちる」とは、読み取り側のこちらの解釈が間違っていないだろうかと考えたのである。

第二章　邪馬台国への旅

それでは、「倭人伝」を、ここでは原文と書き下し文を和田清・石原道博『魏志倭人伝』に現代語訳はネット資料（塚田敬章氏）をガイドブックとして、邪馬台国へ至る道のりが記された箇所を順次抜き出しながら、邪馬台国への旅を読者とともにシュミレーションしてみよう。（原文・書き下し文・現代語訳の順。原文の字体通りになっていない箇所がある。読みにくい漢字は調べて、わかる範囲で勝手に筆者がルビを振った箇所もある。固有名詞の読み方はいろいろあると思える。書き下し文も筆者が若干直した所がある。）

その1　帯方郡《たいほうぐん》から狗邪韓国《くやかんこく》へ

「倭人在帯方東南大海之中、（中略）従郡至倭、循海岸水行、歴韓國、乍南乍東、到其北岸狗邪韓國七千餘里。」

倭人は帯方の東南大海の中に在り、（中略）郡より倭に至るには、海岸に循《したが》ひて水行し、韓國を歴《へ》て、乍《あるい》は南し乍《あるい》は東し、其の北岸狗邪韓國に到る七千餘里。

【倭人は帯方郡の東南大海の中に在り、〈中略〉（帯方）郡から倭に至るには、海岸に沿って水行し、韓国を通り過ぎ、南へ行ったり東へ行ったりして、その（＝倭の）北岸の狗邪韓国に到着する。七千余里。】

帯方郡とは、三世紀初め、中国が朝鮮半島に設置した漢四郡の一つ。現在の京城《ソウル》あたりにあったと言う。

また、狗邪韓国とは、朝鮮半島の南部一帯をさす。当時、倭国の領土であった。

「魏志」韓伝には、「韓は、帯方の南にあり、東西は海を以って限りとなし、南は倭と接し、およそ四千里四方。」とある。

また、朝鮮半島南部では日本の前方後円墳十四基が発見されるなどしている。

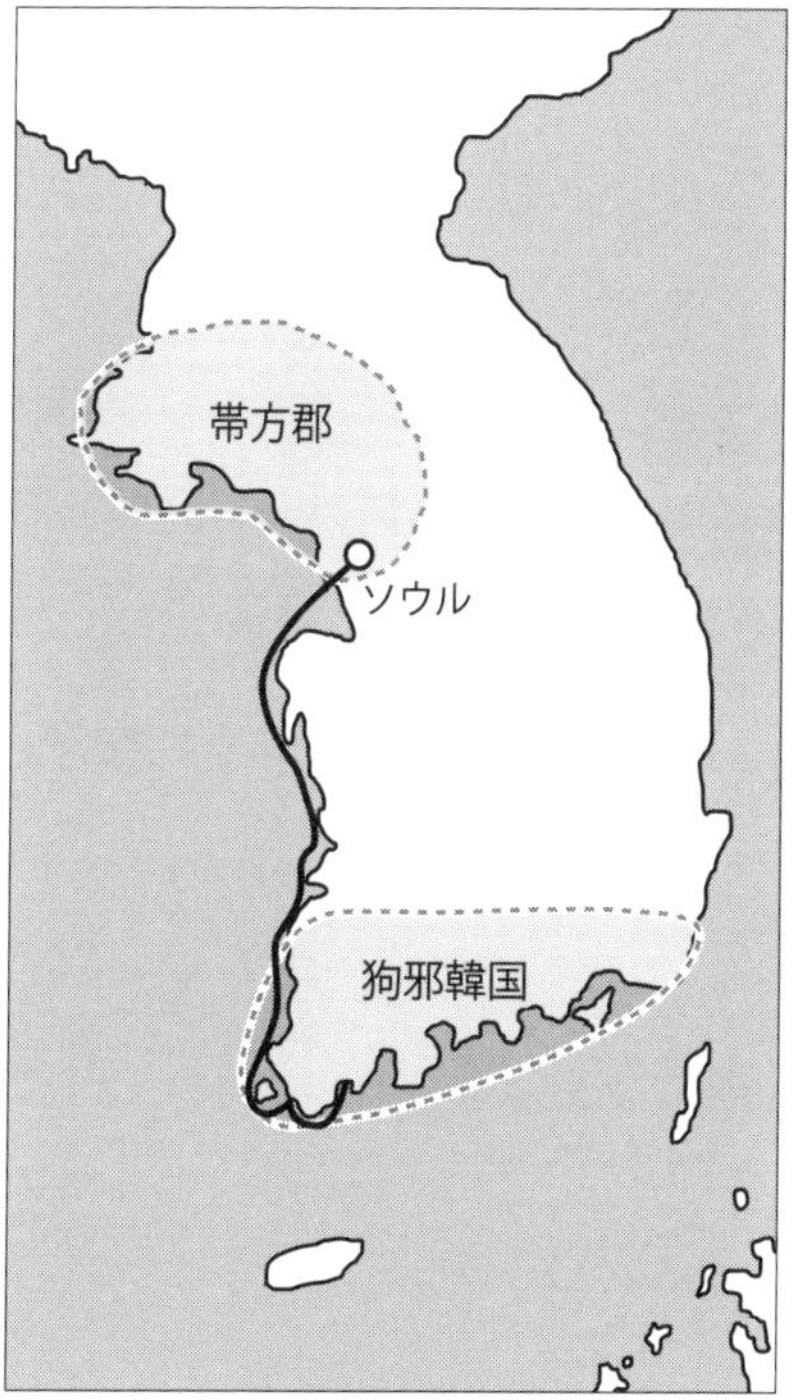

循海岸水行

その2　狗邪韓国から対馬《つしま》国へ

「始度一海千餘里、至對馬國、其大官日卑狗、副日卑奴母離、所居絶島、方可四百餘里、土地山險、多深林、道路如禽鹿徑、有千餘戸、無良田、食海物自活、乗船南北市糴。」

始めて一海を度《わた》る千餘里、對馬國に至る。其の大官を卑狗《ひこ》と曰《い》い、副を卑奴母離《ひなもり》と曰ふ。居る所絶島、方四百餘里ばかり。土地は山険しく、深林多く、道路は禽鹿《きんか》の徑《みち》のごとし。千餘戸有り。良田無く、海物を食して自活し、船に乗りて南北に市糴《してき》す。

【始めて一海を渡り、千余里で対馬国に至る。その大官は卑狗といい、副官は卑奴母離という。居する所は絶海の孤島で、およそ四百余里四方。土地は、山が険しくて深い林が多く、道路は鳥や鹿の道のようである。千余戸の家がある。良田はなく海産物

を食べて自活している。船に乗って南や北へ行き、商いして米を買い入れている。】
「対馬」は、現在の長崎県対馬のことである
注・「市糴」↓交易

その3　対馬国から壱岐《いき》国へ

「又南渡一海千餘里、名日瀚海、至一大國、官亦日卑狗、副日卑奴母離、方可三百里、多竹木叢林、有三千許家、差有田地、耕田猶不足食、亦南北市糴。」

又南一海を渡る千餘里、名づけて瀚海《かんかい》と曰ふ。一大國《いっし》に至る。官を亦卑狗と曰ひ、副を卑奴母離と曰ふ。方三百里ばかり。竹木・叢林《そうりん》多く、三千ばかりの家有り。差〻《やや》田地有り、田を耕せども猶《なほ》食するに足らず、亦南北に市糴す。

【また(さらに)、南に一海を渡る。千余里。名は翰海という。一大国に至る。官は、

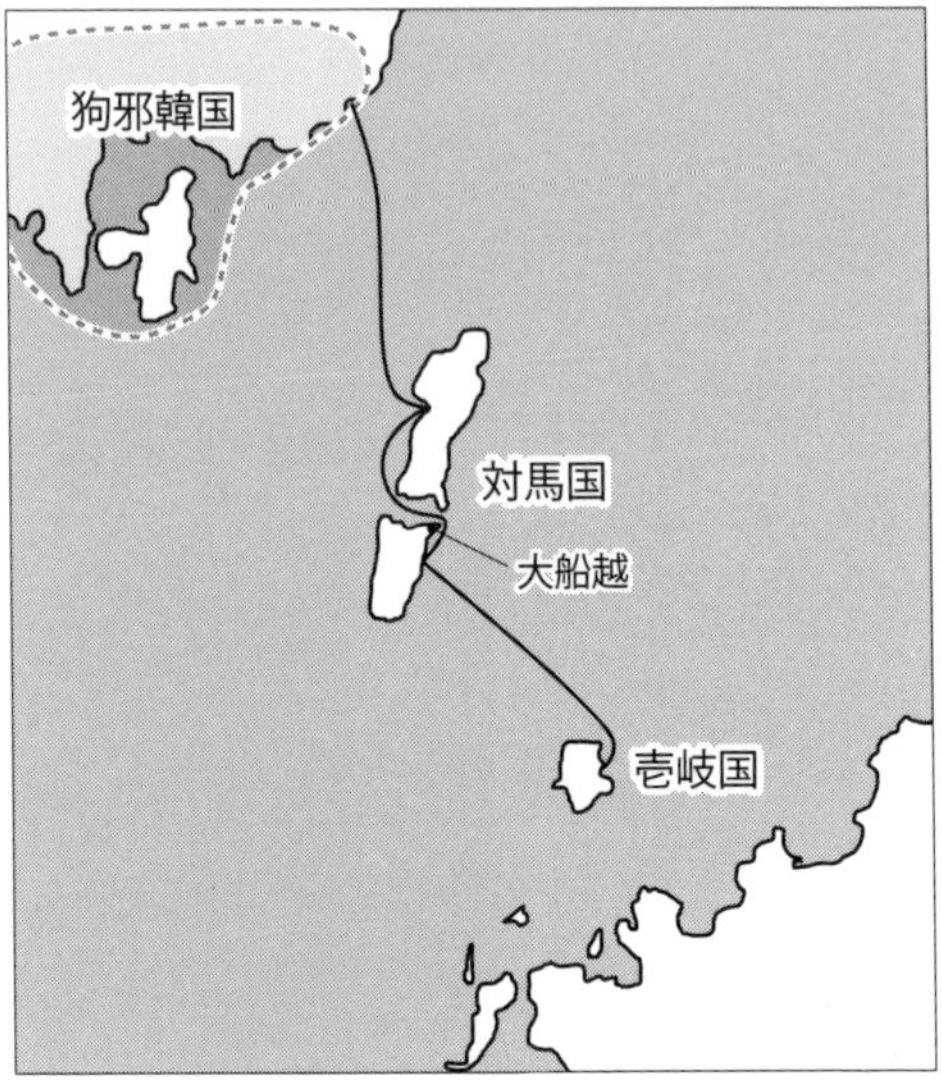

又南渡一海至一大国

また（対馬国と同じく）、卑狗といい、副は卑奴母離という。およそ三百里四方。竹、木、草むら、林が多い。三千ばかりの家がある。いくらかの田地がある。田を耕しても、やはり、住民を養うには足りないので、また（対馬国と同じく）、南北に行き、商いして米を買い入れている。】

注・「翰海」→ここでは「大海」の意。対馬海峡。玄界灘。

ここではじめて、方角「南」が現れる。「一大国」とは、現在の長崎県壱岐である。壱岐市には、多重環濠《かんごう》（外堀）集落跡のある原《はる》の辻《つじ》遺跡がある。

その4　壱岐国から末盧国《まつろ》へ

「又渡一海千餘里、至末盧國、有四千餘戸、濱山海居、草木茂盛、行不見前人、好捕魚鰒、水無深淺、皆沈沒取之。」

又一海を渡る千餘里、末盧國に至る。四千餘戸有り。山海に濱《ひん》して居る。草木茂盛《もせい》し、行くに前人を見ず。好んで魚鰒《ぎょふく》を捕《とら》え、水深淺《しんせん》と無く、皆沈沒して之を取る。

【また、一海を渡る。千余里。末盧国に至る。四千余戸があり、山と海すれすれに沿って住んでいる。草木が盛んに茂り、行く時、前の人が（草木に隠されて）見えない。魚や鰒《あわび》を捕ることが好きで、水の深浅にかかわらず、みな、水に潜《もぐ》ってこれを取っている。】

この「末盧国」は、現在の日本のどのあたりを指しているのか。従来、佐賀県東松浦半

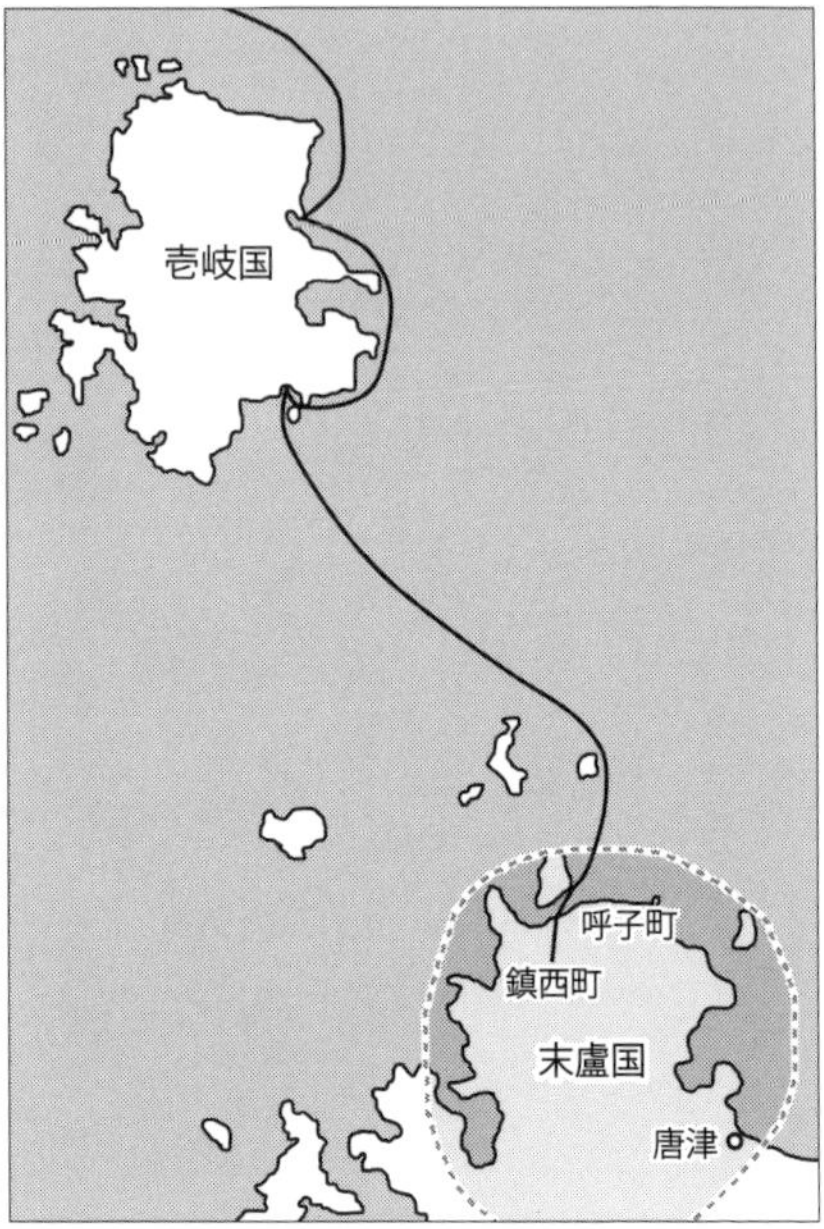

又渡一海至末盧国

島の唐津あるいは呼子ではないかとされてきた。「マツロ」→「マツウラ」と音も似ているし、地理的なことを考えても、東松浦半島であろう。唐津市には、菜畑《なばたけ》遺跡があり、日本最古の水田跡が発見されている。ただ、現在と当時では地形も変化したであろうが、「山と海すれすれに住んでいる」とあるので、到着地は、呼子町の近くの鎮西《ちんせい》町名護屋《なごや》あたりではないか、とも思われる。後世、豊臣秀吉が朝鮮出兵した際、拠点とした名護屋城跡のある地あたりである。

注・現在は、呼子町も鎮西町も唐津市へ併合されている

その5　末盧国から伊都《いと》国へ

「東南陸行五百里、到伊都國、官日爾支、副日泄謨觚・柄渠觚、有千餘戸、世有王、皆統屬女王國、郡使往來常所駐。」

東南陸行五百里にして、伊都國に到る。官を爾支《にき》と曰ひ、副を泄謨觚《えもこ》・柄渠觚《しまこ》と曰ふ。千餘戸有り。世ゝ《よよ》王有るも、皆女王國に統屬《とうぞく》す。郡使の往來常に駐《とど》まる所なり。

【(末盧国から)東南に陸上を五百里行くと伊都国に到着する。官を爾支と曰い、副を泄模孤、柄渠孤という。千余戸が有る。代々、王が有り、みな女王国に従属している。(帯方)郡の使者が往来し、常に足を止める所である。】

この「伊都国」については、通常、福岡県糸島市付近であろうと言われている。イトと音が一致しているからである。しかし、「(末盧国から)東南に陸上を五百里行く」となっている。方角がどうしても合わないのである。末盧国から東南方面を地図で見ていると、筆者には、伊都国の中心は福岡県太宰府市あたりではなかったかと思われてくる。「(帯方)郡の使者が往来し、常に足を止める所」とあるからである。

奈良・平安期に、大和朝廷は大陸を見据えて、軍事・外交を担う役所「大宰府」を「太宰府」に置いたのである。使者が足を止める所は大宰府のさきがけではなかったか。

注・「太宰府」と「大宰府」表記の違い
→歴史上の役所は「大宰府」・行政上は「太宰府」

伊都国には、福岡県内最古級といわれる光正寺《こうしょうじ》古墳、また、国内最大の銅鏡である内行《ないこう》花文鏡《かもんきょう》が出土した平原《ひらばる》遺跡がある。他に、金《かね》

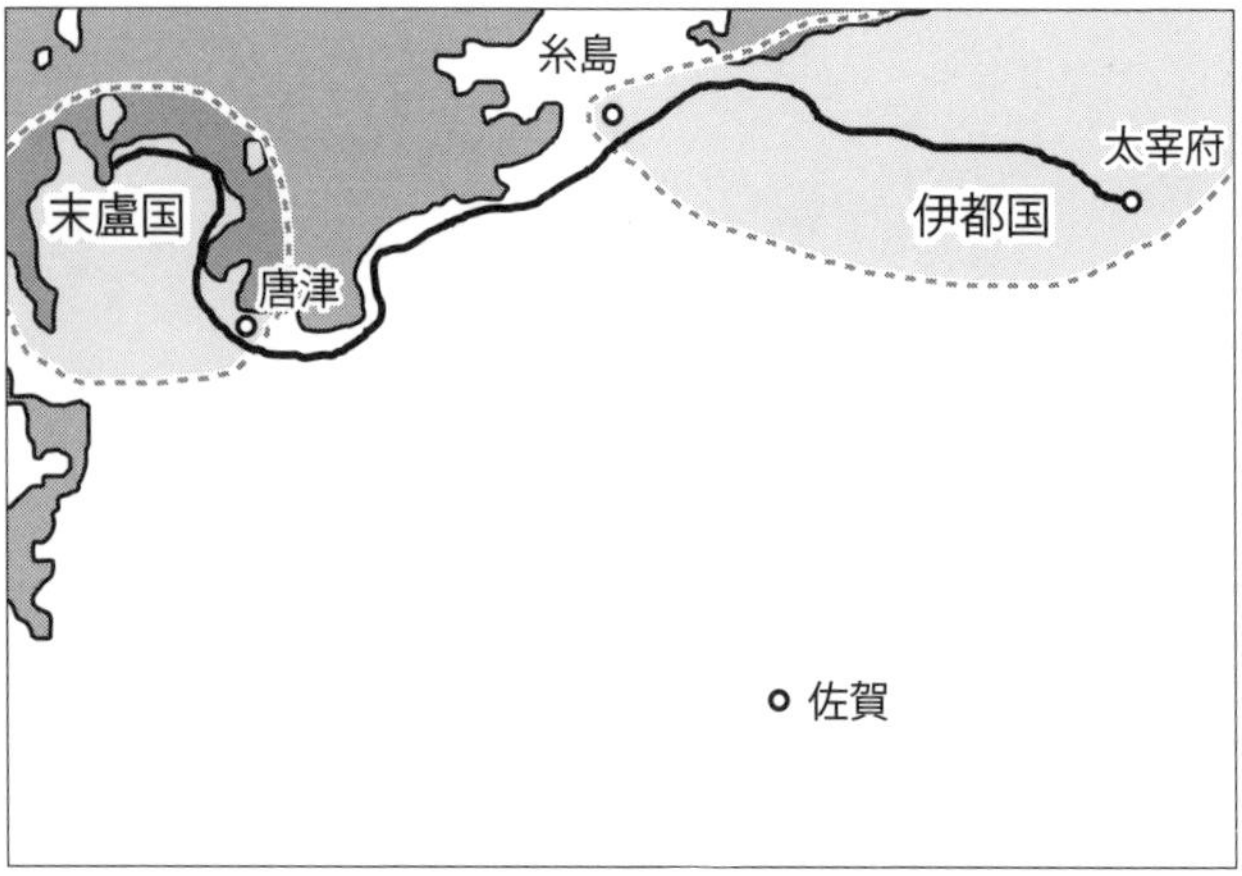

東南陸行到伊都国

隈《くま》遺跡、板付遺跡、野方《のかた》遺跡、須玖《すぐ》岡本遺跡がある。

その6　伊都国から奴《な》国へ

「東南至奴國百里、官日兕馬觚、副日卑奴母離、有二萬餘戸。」

東南奴國《なこく》に至る百里。官を兕馬觚《しまこ》と曰ひ、副を卑奴母離と曰ふ。二萬餘戸有り。

【(伊都国から)東南、奴国に至る。百里。官は兕馬觚といい、副は卑奴母離という。二万余戸が有る。】

奴国はどこにあったのだろうか。よく聞く説は現在の福岡県博多付近であろうか。近くには那珂《なか》郡（地名に「な」が入る）もあった。

また、この国は、「漢委奴国王印《かんのわのなのこくおういん》」で有名な、あの奴国であろう。

「漢委奴国王印」とは、中国の『後漢書』に、紀元五七年、漢の光武帝が倭奴国王に与えたとあり、江戸時代、福岡県福岡市志賀島《しかのしま》で見つかった金印で国宝に指定されている。「倭人伝」にも、出だしに次のようにある。

「倭人在帯方東南大海之中、依山島爲國邑。舊百餘國。漢時有朝見者、今使譯所通三十國。」

倭人は帯方の東南大海の中に在り、山島に依りて國邑《こくゆう》を爲す。舊《もと》百餘國。漢の時朝見する者有り、今、使譯《しやく》通ずる所三十國。

【倭人は帯方郡の東南、大海の中に在る。山島に身を寄せて国家機能のある集落を作っている。昔は百余国あり、漢の時、朝見する者がいた。今、交流の可能な国は三十国である。】

この金印が博多湾内の志賀島で見つかったことも奴国博多付近説を裏づけるものになっ

ているのだろう。
ところで、奴国は「二万余戸が有る。」という。
ここまでは、対馬国↓千余戸。

壱岐国↓三千ばかり。

末盧国↓四千余戸。

伊都国↓千余戸。

ここにきて、二万余戸と人口のケタが違っている。ならば、奴国はこれらの人々を養う為の肥沃な土地の広がる所とならなければならない。奴国は大きな国だったはずだ。
地図を眺めると、そこはやはり、有明海が有り、福岡県・佐賀県にまたがって広がる平野でなかったか。
「東南、奴国に至る」と倭人伝にあり、伊都国から東南の地に奴国はなければならないだろう。九州最大の一級河川の筑後《ちくご》川が流れ、有明海が当時はもっと内陸に入り込んでいたと言われるので、現在よりは狭かったであろうが、筑後川の両岸に九州最大の面積を持つ筑紫《つくし》平野である。このあたり一帯は、現代に残るものとして、福岡県朝倉市に、大規模な多重環濠集落で知られる平塚川添《ひらつかかわぞえ》遺跡、八女《やめ》市に北部九州最大の前方後円墳を持つ八女古墳群が発見されている。

　佐賀県で発見された吉野ケ里《よしのがり》遺跡は卑弥呼の時代より前に遡《さかのぼ》るものであるという。

　また、竹原古墳、川島古墳、立岩《たていわ》遺跡、小正西《おばさにし》古墳、王塚《おうづか》古墳、五郎山古墳、仙道古墳、焼《やき》ノ峠《とうげ》古墳、月岡古墳（以上福岡県）、小迫辻原《おざこつじばる》遺跡（大分県日田市）、東名《ひがしみょう》遺跡（佐賀県）など多くが見られる。

その7　奴国から不弥《ふみ》国へ

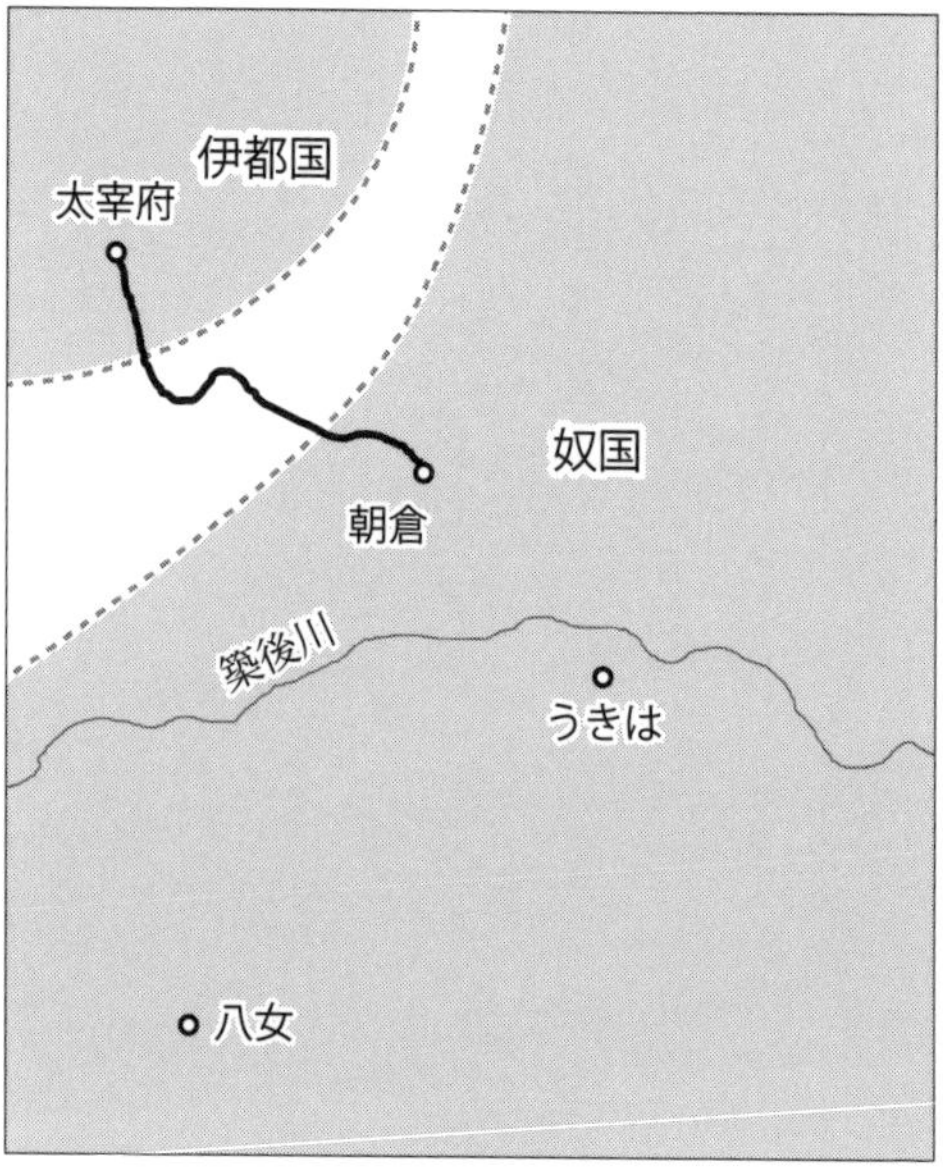

東南至奴国

「東行至不彌國百里、官曰多模、副曰卑奴母離、有千餘家。」

東行不彌《ふみ》國に至る百里。官を多模《たま》と曰ひ、副を卑奴母離と曰ふ。千餘家有り。

【（奴国から）東に行き不弥国に至る。百里。官は多模といい、副官は卑奴母離という。千余りの家がある。】

奴国で、次の行き先の方角が変わる。今までは東南であったが、ここに来て東行となっている。「不弥国」は、どのあたりにあったのだろう。

奴国の東の延長線上を地図で追ってみる。

ところで、その先を読むと、次の「不弥国」からは進路がまた変更し、「南」を目指すことになる。そして「水行二十日」となる。ということは「不弥国」とは南に進路変更して水行できるところでないといけない。すると、もう、ここら辺しか無いのでは、と思われる地が出てくる。この地は、筆者が始めて唱えるのではなく、その他大勢の人達も注目している所ではある。

「不弥国」は、宇佐市あたりでなかったか。宇佐市は大分県国東《くにさき》半島の付け根に位置する。

宇佐神宮がある所で有名である。また、ここは神武天皇東征の折、宇佐国造の祖であるウサツヒコ・ウサツヒメが御一行を歓待申し上げた「アシヒトツアガリノミヤ」でも有名な地である。

『古事記』には、次のように出ている。

豊国《とよのくに》の宇沙《うさ》に到着された時、その国の住民の、名をウサツヒコ・ウサツヒメという二人が、足一騰宮《あしひとつあがりのみや》を作って御食膳を献《たてまつ》った。

『日本書紀』には、次のように出ている。

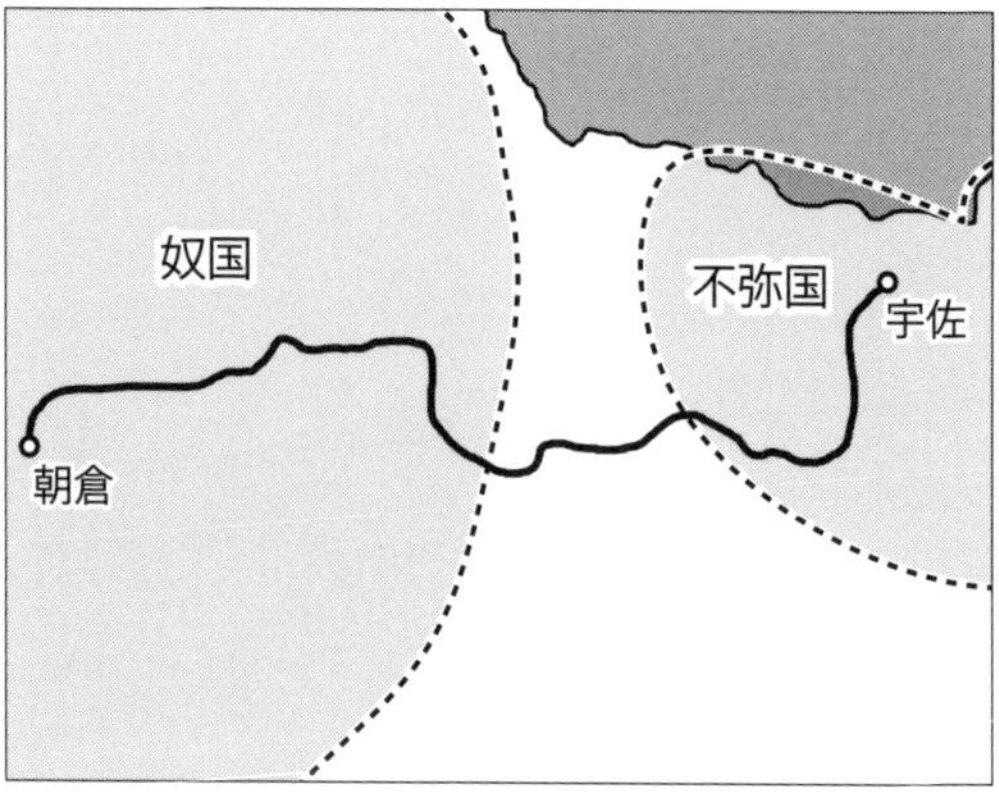

東行至不弥国

筑紫《つくし》の国の宇佐《うさ》についた。すると宇佐の国造《くにつくり》の先祖で宇佐津彦《うさつひこ》・宇佐津姫《うさつひめ》という者があった。宇佐の川のほとりに、足一つあがりの宮を造っておもてなしをした。

アシヒトツアガリノ宮とは、どういう建物であったか。想像がふくらむ場面である。とにかく名前の付け方が面白いと思うのは筆者だけではあるまい。

また、このあたりには、九州第二の規模を誇る（九州第一は宮崎県の西都原《さいとばる》古墳群）川部・高森古墳群がある。この古墳群は宇佐国造一族の墳墓地とされている。最も古い古墳からは三角縁神獣鏡《さんかくぶちしんじゅうきょう》四面、三角縁盤龍鏡《ばんりゅうきょう》一面（いずれも中国製）などが副葬品として出土している。他に、安国寺《あんこくじ》集落遺跡・草水台《そうずだい》遺跡がある。

その8　不弥国から投馬《とうま》国へ

南至投馬國水行二十日、官曰彌彌、副曰彌彌那利、可五萬餘戸。

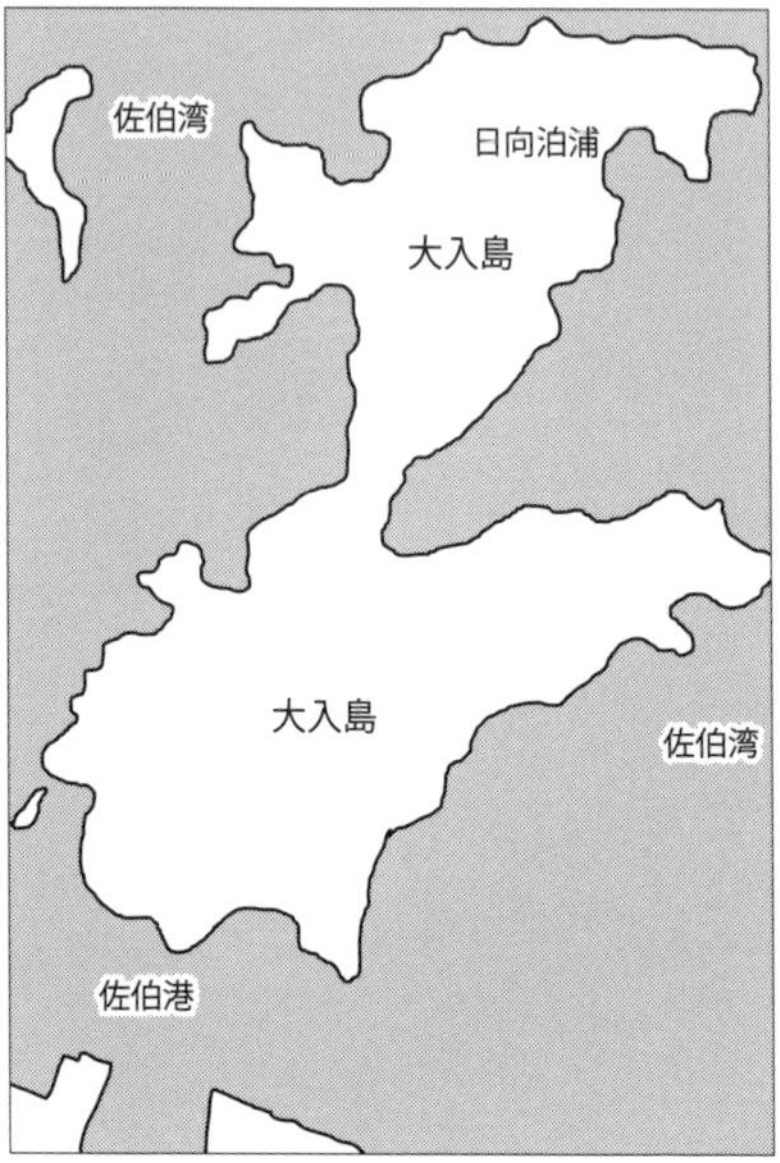

日向泊浦

南、投馬《とうま》國に至る水行二十日。官を彌彌《みみ》と曰ひ、副を彌彌那利《みみなり》と曰ふ。五萬餘戸ばかり。

【(不弥国から)南、投馬国に至る。水行二十日。官は弥弥といい、副は弥弥那利という。およそ五万余戸。】

「投馬国」を「都万《つま》国」(宮崎県西都《さいと》市妻《つま》)とする説を多く目にする。「投馬」はツマとも読めるからだろう。が、筆者は、その説はとらない。なぜなら、この後を読み続けると投馬国からまた南に水行するからである。

不弥国から南へ水行二十日である。岸辺近くを海岸線に沿って南へ南へと進んだのであろう。古語に「泊《とま》り」という語がある。「船泊《ふなどまり》」港の意である。船を途中で止める所という意味合いで倭人が言ったのが「トマリ」→「トウマ」国になったのではないかとも思われる。

「佐伯《さえき》」という地名を「泊《とま》りを佐《たす》く」とつい筆者は読んでしまった。

大分県佐伯市の佐伯湾に浮かぶ大入島《おおにゅうじま》に「日向泊浦」という地名がある。この地には、神武天皇東征の折、御一行が立ち寄ったと伝えられていて、「神の井」「天神社」がある。

大分市から南東へ佐賀関半島を経て佐伯市に至るリアス式海岸にある多くの古墳群の盟主的地位にあるのが亀塚古墳といわれている。大分県下最大級の古墳であり、海部《あまべ》王が埋葬されているという。古事記・日本書紀にも応神天皇の御代に「海人部《あまべ》」を設置したとある。海人部とは、航海漁業にたずさわって奉仕する部民である。他に、このあたりには横尾貝塚がある。

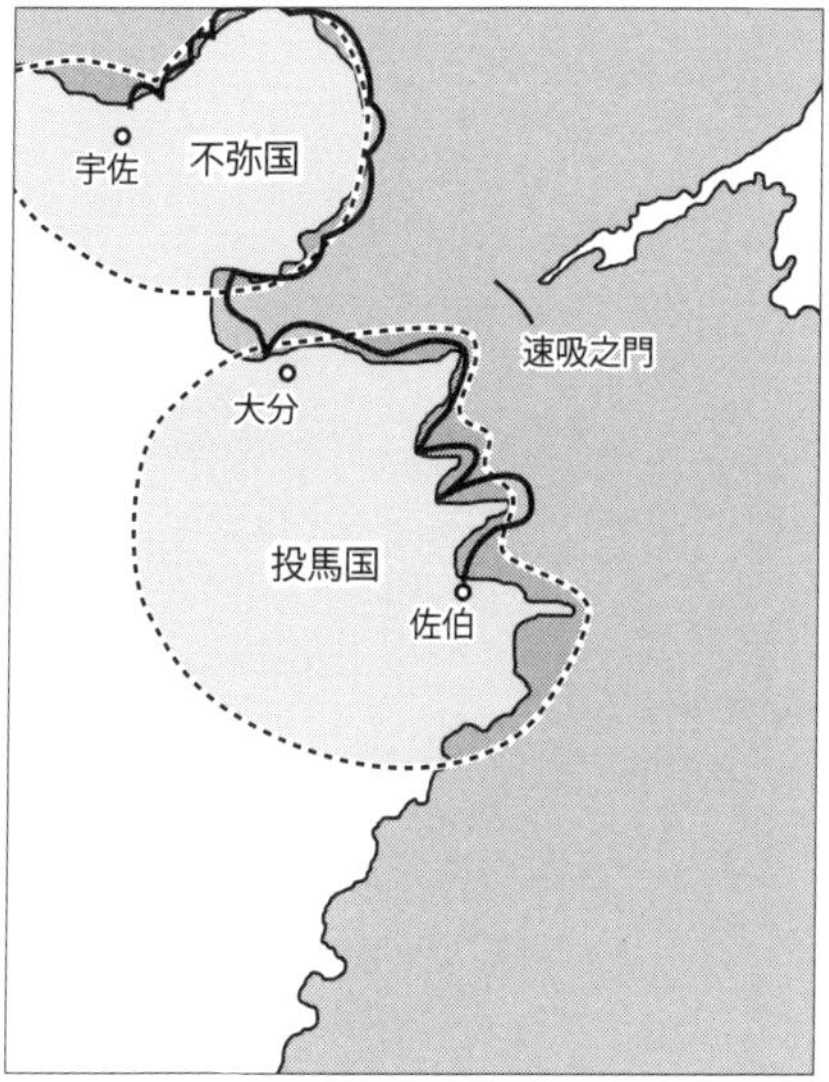

南至投馬国水行二十日

大分市の近くには、四国の佐多岬と

九州佐賀関半島の地蔵崎（関崎）との間に速吸之門《はやすいのと》（現「速吸瀬戸」）がある。
『日本書紀』には、次のように出てくる。

その年冬十月五日に、天皇は自ら諸皇子・舟軍を率いて、東征《とうせい》に向われた。速吸之門《はやすいなと》（豊予海峡）においでになると、一人の海人《あま》が小舟に乗ってやってきた。天皇は呼びよせてお尋ねになり、「お前は誰か」といわれた。答えて「私は土着の神で、珍彦《うずひこ》と申します。曲《わだ》の浦に釣りにきており、天神《あまつかみ》の御子がおいでになると聞いて、特にお迎えに参りました」という。また尋ねていわれる。「お前は私のために道案内をしてくれるか」と。「御案内しましょう」という。（中略）筑紫《つくし》の国《くに》の宇佐《うさ》についた。

注・「曲の浦」→入江

神武天皇は、日向国から東征に向かったとされる。
速吸之門から宇佐へ……後の神武天皇東征ルートの逆バージョンで、中国の返礼の使者は邪馬台国へ向かったのだろうか。

その9　投馬国から邪馬台国へ

南至邪馬壹國、女王之所都、水行十日・陸行一月、官有伊支馬、次日彌馬升、次曰彌馬獲支、次曰奴佳鞮、可七萬餘戸。

南、邪馬壹國に至る、女王の都する所、水行十日陸行一月。官に伊支馬《いきま》有り、次を彌《み》馬升《まと》と曰ひ、次を彌馬獲支《やまわけ》と曰ひ、次を奴佳鞮《なかで》と曰ふ。七萬餘戸ばかり。

【（投馬国から）南、邪馬台国に至る。女王の都である。水行十日、陸行一月。官に伊支馬がある。次は弥馬升といい、次は弥馬獲支といい、次は奴佳提という。およそ七万余戸。】

ついに目的地の邪馬台国へ到着。投馬国から水行すること十日目。

水行とは、岸辺、海岸線に沿って水の上を進むと解釈したい。なぜなら、朝鮮半島帯方郡から出発して狗邪韓国までは「海岸に循《したが》ひて水行」とあり、狗邪韓国から佐賀県松浦半島に上がるまでは、（海を）「度る（渡る）」と「倭人伝」では、明確に区別されて表記されているからだ。

不弥国から投馬国へ水行二十日、投馬国から邪馬台国まで水行十日となる。ここで、当時の船旅を想像してみよう。といっても、正直なところ、あまり想像できないだろう。

当時から六百年ほど後の十世紀（平安時代）に、土佐国（高知県）高知市大津港から都（京都府）へ帰るまでの約五十日間の船旅を日記の形にまとめた紀行文がある。ご存じ紀貫之の『土佐日記』である。要所を抜粋する。

元日《ぐわんにち》。なほ、同じ泊《とまり》なり。
二日《ふつか》。なほ、大湊《おおみなと》に泊《とま》れり。
三日《みか》。同《おな》じ所《ところ》なり。
四日《よか》。風吹《かぜふ》けば、え出《い》で立《た》たず。注・え出で立たず↓出発できない
五日《いつか》。風波止《かぜなみや》まねば、なほ、同じ所にあり。
（結局、八日まで大湊に十泊滞留した。）

……
二月《きさらぎ》二日。雨風《あめかぜ》止《や》まず。日《ひ》一日《ひとひ》、夜《よ》もすがら、神仏《かみほとけ》を祈《いの》る。

注・日一日、夜もすがら→一日中、一晩中

三日。海《うみ》の上《うへ》、昨日《きのふ》のやうなれば、船出《ふねい》ださず。

四日。楫取《かぢとり》、「今日《けふ》、風雲《かぜくも》の気色《けしき》はなはだ悪《あ》し」と言《い》ひて、船出《ふねい》ださずなりぬ。

注・気色→様子

『土佐日記』中のほんの一部分の抜粋である。船旅は天候の良し悪しに左右されるので日夜心を痛めながら神仏に祈っている。今と違い、海賊への不安もあり、船旅がどんなに大変なもので、身を削られるようなものであったかが、ひしひしと伝わってくる。

一か所に長く留まることも多く、例えば、大湊

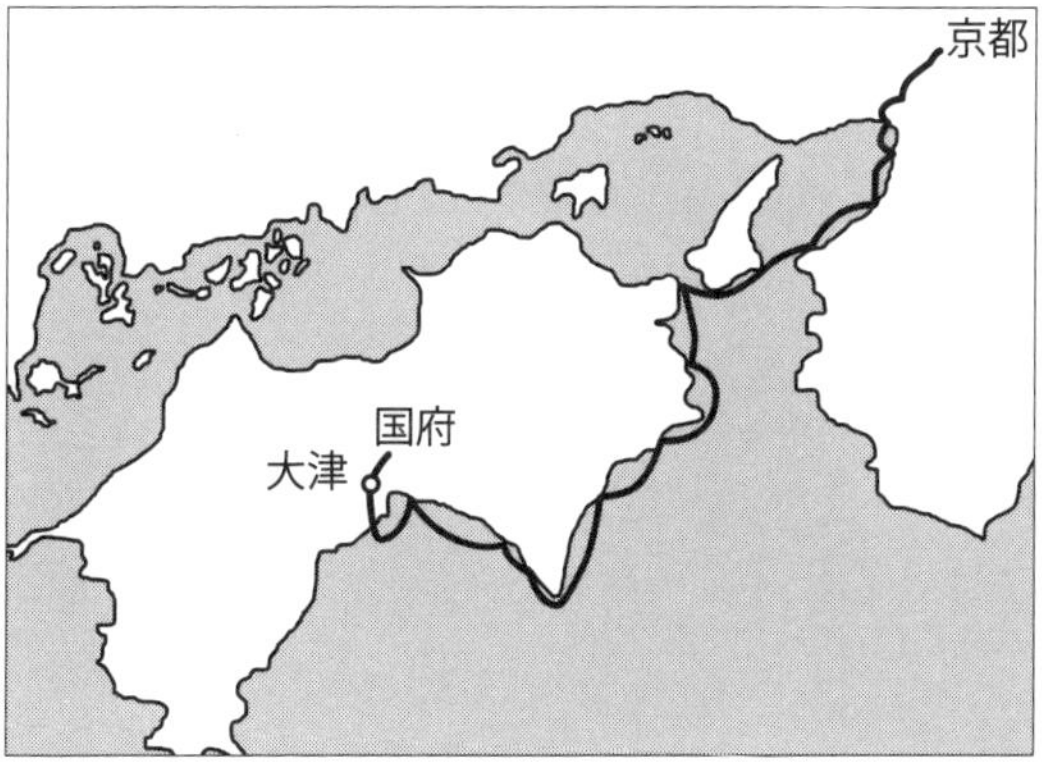

「土佐日記」の旅

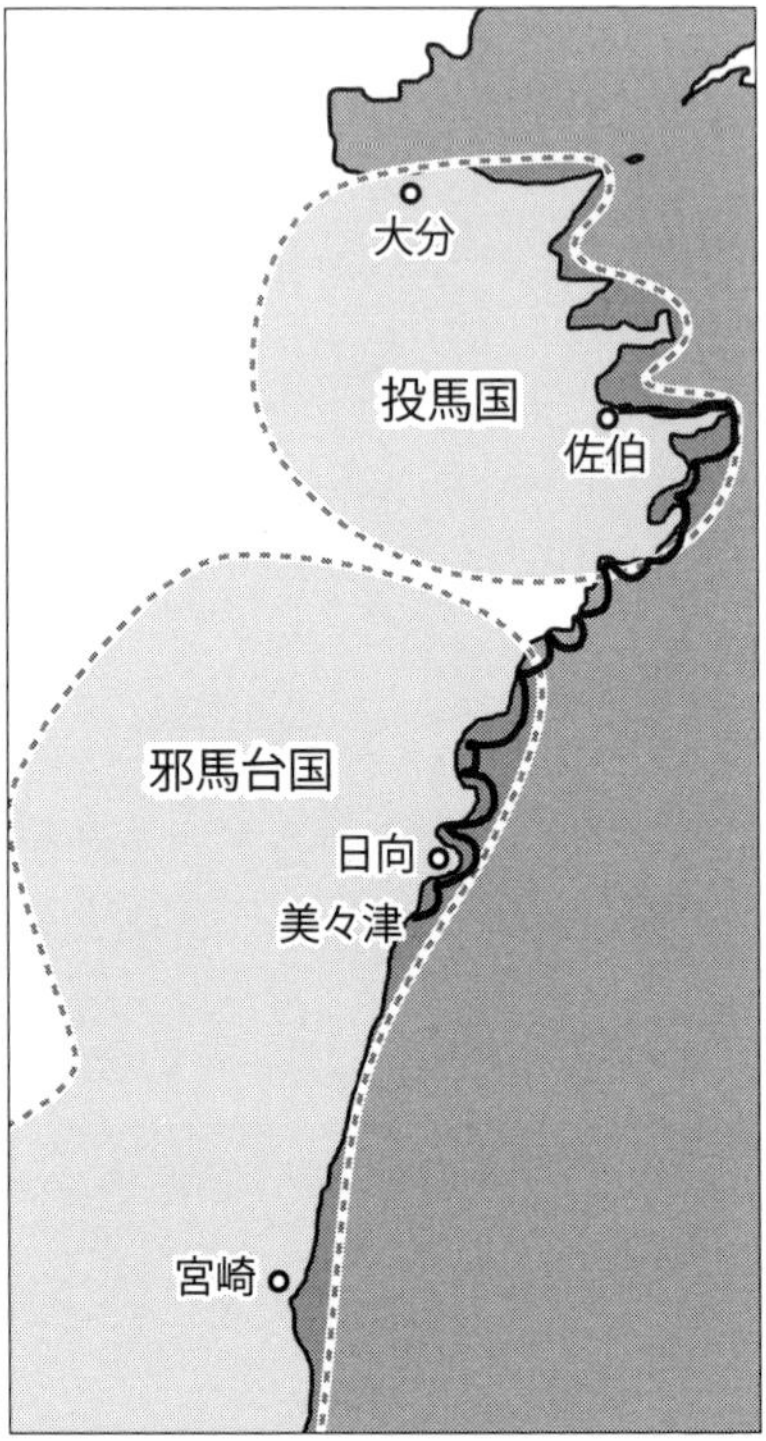

南至邪馬壱国水行十日

では十泊、室津に六泊して出発するが、また、室津に引き返して四泊ということもあったり、日和佐で四泊したりなどしている。

このことからも、『土佐日記』より約六百年前の古代の船旅が船の状態（人力のみ）を考えても、どんなに命がけのもので、自然の脅威との戦いであったか、想像に難くない。不弥国から投馬国まで二十日。投馬国から船を南へと海岸線に沿って進める。宮崎県日向市美々津港まで十日。途中、岸辺に停泊して休み休みしながら、それぐらいはかかったのであろう。

宮崎県には、九州最大の巨大古墳のある西都原古墳群がある。他に、持田《もちだ》古墳群、新田原《にゅうたばる》古墳群、蓮ケ池《はすがいけ》横穴群、生目《いきめ》古墳群がある。

邪馬台国論争で、よく問題になるのは、投馬国から邪馬台国へ至る「水行十日陸行《すいこうとおかりくこう》一月《ひとつき》」である。ある人は水行で十日、または陸行一月という意味だ。ある人は、水行十日プラス陸行一月なのだ。ある人は、月は日の誤写で「陸行一日」なのだ。などなど。多くの説があるようだ。

筆者は、この「陸行一月」は、旅程ではなく、邪馬台国の面積を言っているのではないかと考えた。このように解釈すると、南方海上にドボンと落ちるという心配は解消される。「倭人伝」は、観光ガイドブックでも紀行文でもない。当時の歴史書は、周辺諸国の事情を正確に捉えた国家機密情報・外交防衛の為の秘密文書にもなるものであったはずだ。ならば、相手国の大体の面積・国の規模というのも知りたくなるはずだ。

しかし、当時の倭人はメジャーを持たなかった。こういう場合は、どうしたか。どのように表現したか。面積を聞かれた時、歩数で大体の面積を測った。邪馬台国じゅうを歩いてめぐるに一月ぐらいかかると倭人は答えたのではないか。

「倭人伝」の半ばあたりに、次のように倭地（当時、認識されていた日本）が描写されている。

倭の地を参問するに、海中洲島の上に絶在し、或は絶え或は連なり、周旋五千餘里ばかりなり。

【倭地を考えてみると、遠く離れた海中の島々の上にあり、離れたり連なったり、巡《めぐ》り巡《めぐ》って五千余里ほどである。】

ここに、「周旋《しゅうせん》五千余里ばかり」（巡り巡って五千余里ほど）という表現もある。

また、卑弥呼が亡くなり大きな墓を造った時は、その大きさを「径百余歩」と言って歩数で面積を表している。

『隋書』東夷伝・倭国には次のようにある。

「夷人《いじん》里數《りすう》を知らず、但《ただ》ゝ《ただ》計《はか》るに日を以てす。」

つまり、倭人は、日にちで（歩行にかかる日数で）距離・面積を表したのである。

このように解釈したら、「水行十日陸行一月」の意味がすっきりするのである。

「水行十日、陸行一月」の「陸行一月」は邪馬台国の面積を表したものだと捉えたいのは筆者だけだろうか。

「投馬国」（大分県佐伯市あたり）から南に水行十日、船は現在の宮崎県日向市美々津《みみつ》港にたどりついたのだろうか。後の神武天皇東征の折は、ここからお船出《ふなで》したという伝承のある耳川《みみがわ》河口の地である。港の近くに、ご神体として、神武天皇の御腰懸磐《こしかけいわ》が祀《まつ》られている立磐《たていわ》神社がある。その近くに、神武天皇の水軍の船出の地ということで「日本海軍発祥の地」碑がある。戦後米軍に破壊されたが昭和四十四年に再建されたという。

前述したように、神武天皇がお船出した港については、美々津は単なる伝承の地に過ぎない。

『古事記』では、神武天皇船出のくだりは次のようになる。

神倭伊波礼毘古命《かむやまといはれびこのみこと》、そのいろ兄《え》五瀬命《いつせのみこと》と二柱、高千穂宮《たかちほのみや》に坐《いま》して議《はか》りて云《の》りたまはく、「何《いづ》れの地《ところ》に坐《いま》さば、平《たひ》らけく天《あめ》の下の政《まつりごと》を聞こしめさむ。なほ東《ひむかし》に行かむと思ふ」とのりたまひて、即《すなは》ち日向《ひむか》より発《た》ちて筑紫《つくし》に幸行《い》でましき。

（カムヤマトイハレビコノ命《みこと》〈神武天皇〉は、その同母兄のイツセノ命《みこと》と二柱で、高千穂宮におられて御相談になって、「どこの地にいたならば、安らかに天下の政《まつりごと》を執《と》り行なうことができるだろう。やはり東の方に都の地を求めて行こうと思う」と仰せられて、ただちに日向《ひゅうが》から出発して筑紫国においでになった。）

また、『日本書紀』では、こうなる。

その年冬十月五日に、天皇は自ら諸皇子・舟軍を率いて、東征《とうせい》に向われた。

これだけである。

しかし、高千穂宮、兄五瀬命《いつせ》とあるので地理的に見て、出発地は美々津しかないと筆者には思われる。兄の名前の五瀬は、現在も五ヶ瀬《ごかせ》川、天孫降臨の地とされる高千穂町の隣に五ヶ瀬町という地名で残る。

神武天皇東征については、『日本書紀』の中で天皇は次のように東征の目的を語られる。

「そもそも大人《ひじり》（聖人）が制《のり》を立てて、道理が正しく行われる。人民の利益となるならば、どんなことでも聖《ひじり》の行うわざとして間違いはない。まさに山林を開き払い、宮室を造って謹んで尊い位につき、人民を安ずべきである。上は天神の国をお授け下さった御徳に答え、下は皇孫の正義を育てられた心を弘めよう。その後国中を一つにして都を開き、天の下を掩《おお》いて一つの家とすることは、また良いことではないか。見ればかの畝傍山《うねびやま》の東南の橿原《かしはら》の地は、思うに国の真中《もなか》である。ここに都を造るべきである」と。

この中にある

「国中を一つにして都を開き、天の下を掩《おお》いて一つの家とすることは、また良いことではないか。」

（六合《りくごう》を兼《か》ねて都《みやこ》を開《ひら》き、八紘《はっこう》を掩《おお》ひて宇《いえ》にせむこと、亦可《またよ》からずや。）

から後に「八紘一宇《はっこういちう》」ということばが生まれたという。

終戦後、このことばは、侵略戦争を正当化し世界支配をたくらむ危険思想として米国のGHQにより、公文書での使用を禁止された。

また、宮崎市の北西部の丘にあった「八紘一宇」の塔の文字も戦後削られたという。現在は、平和台公園の平和の塔として「八紘一宇」は復元されて公園は市民の憩いの場となっている。一九六四年の東京オリンピックの際は、この地が聖火リレーの起点となった。

話は変わるが、筆者の亡き両親は、ここを「八紘台《はっこうだい》」と親しみを込めて呼んでいたのを思い出す。何でも、若き日のデートの場所だったようだ。

話がかなりそれてきた。七世紀初頭飛鳥時代、推古天皇十二年の時、聖徳太子が「十七条の憲法」を制定して、国家の理念、国民の在りようを示した。これは、わが国最初の憲法である。

それは次のようなことばで始まる。

「一に曰く、和《わ》を以て貴《たふと》しと為し、忤《さか》ふこと無きを宗《むね》と為す。」

意味は、「まず第一に心がけることは、みんなと仲良くし、争わないようにするということです。」ということだろうか。「和《わ》をもって貴《とうと》しとなす」誰でも知っている有名なフレーズである。

このことからもわかるが、古代日本においては、「平和主義」に一番価値を置いたと思われる。

美々津町では、現在、毎年祭りが開催される。旧暦八月一日、町内の子供達が、短冊をつけた笹竹を持って、それぞれ各家の戸を叩いてまわる。「おきよ祭り」と呼ばれるものである。

遠い昔、神武天皇御一行の出発が天候の都合で繰り上げられ、八月一日の早朝となったので「起きよ」「起きよ」と叫んで住民と軍兵を起こして船出したことにちなんだものだという。

『宮崎県大百科事典』には次のように説明されている。

「神武天皇はこの港に軍勢を集結させ、港口にある岬で紙鳶《たこ》をあげて船を出すための風位風速を測らせていた。ところが八月一日の早朝、急に条件がよくなったので出航することになった。町の人たちは「おきよ、おきよ」と声をかけあって起き出し、神武軍のために兵糧として餅を献上すべく準備をすすめた。出発があまり急なので餅を作っている暇がなく、モチ米とアンコをつきまぜていわゆるつき入れ餅を作って献じたという」

神武天皇一行は、美々津港の沖合にある、ふたつの島の間を抜けて船出したという。黒木淳吉編『宮崎の旅』は、これに関して次のように語る。

「今でも漁師は、海上の安全を願って、島の間を漕ぎ出して行くと言われている。」

一方、海原猛著『天皇家の〝ふるさと〟日向をゆく』は、沖合の写真を載せて次のように説明する。

「二度と戻らなかった神武の先例をふまぬよう地元の漁師たちは、今でもこの岩礁の間を航行しないようにしているそうだ。」

一体、どちらなのか。漁師達は、あいだを抜けて行くのか、行かないのか。真逆のことを伝える文を前に筆者は戸惑った。読者諸氏は、どちらと判断されるだろうか。

この場合、「どちらも有り」とはいかない。どちらか一つである。

「海上の安全を願って」なるほど、そんな気もする。しかし、一方、「二度と戻らなかった」というフレーズに出会うと現実を胸にズシンとぶつけられたような……。

幼い頃聞いた、まわりの大人達の話が思い出される。

「神武さん（神武天皇のこと。地元では、親しみを込めてこう呼ぶ）が、昔、優秀な若者を、みな、連れて行ったというから、宮崎県は……」

半ば、冗談で言っていたのだろうが、なぜか覚えている。

神武東征、国土統一、平和国家建設という偉業のかげには、無事を祈りつつ、彼らを送り出した人々がいた。若い恋人や妻、幼い児ら、親兄弟、親戚、友人、同郷の人ら。遠い昔、彼らの帰りを首を長くして待ちわびながら、ひっそりと暮らしていた人達がいただろう。一つの目標に向かって命がけで大事を成さんとする時は、一番身近の愛する人々に犠牲を強いてしまうことにもなる。送り出す側だけでなく、出かける側も、後ろ髪を引かれる思いであったにちがいない。

「二度と戻らなかった……」

残された人達の本音は、案外、こちらにあったかもしれない。

実際に、美々津町へ行ってみた。海は美しく、まさしく、その名の通りであった（津は港の意）。

沖に二つの島（向かって右側を七《なな》ツバエ・左側を一《ひと》ツ神《かみ》）が見えた。今では、七ツバエには灯台が造られ、あたりを航行する人達の安全を見守っている。「二度と戻らなかった」ということで、漁に出る、地元の人達は、やはり、この島の間は通らないようにしているということだった。

注・七ツバエ↓島嶼名《とうしよめい》辞典（一九九一年十月）には「太平洋の無人島」として紹介されている。

注・七ツバエ↓面積〇、〇三六二五平方キロメートル

一ツ神↓面積〇、〇〇三七五平方キロメートル　（日本の島事典一九九五年）

水平線上にかすかに見える七ツバエ（右）と一ツ神（左）

帯方郡から邪馬台国までの旅程をわかり易くまとめてみた。

国名	移動方角・距離	移動手段	人口	面積
①帯方郡（朝鮮半島京城《ソウル》あたり）				
↓	七千余里	海岸に循《したが》いて水行		
②狗邪韓国（朝鮮半島南部あたり）				
↓	（南）　千余里	一海を渡る		
③対馬国（長崎県対馬）			1000余戸	方四百余里
↓	南　千余里	又一海を渡る		
④一大国（長崎県壱岐）			3000ばかりの家	方三百里ばかり
↓	千余里	又一海を渡る		
⑤末盧国（佐賀県唐津市あたり）			4000余戸	
↓	東南　五百里	陸行		
⑥伊都国（福岡県太宰府市あたり）			1000余戸	
↓	東南　百里			
⑦奴国（福岡県朝倉市あたり）			20000余戸	
↓	東　百里			
⑧不弥国（大分県宇佐市あたり）			1000余家	

⬅　南　二十日　水行

⑨投馬国（大分県佐伯市あたり）　50000余戸ばかり

⬅　南　十日　水行

⑩邪馬台国（宮崎県宮崎市あたり）　70000余戸ばかり　陸行一月

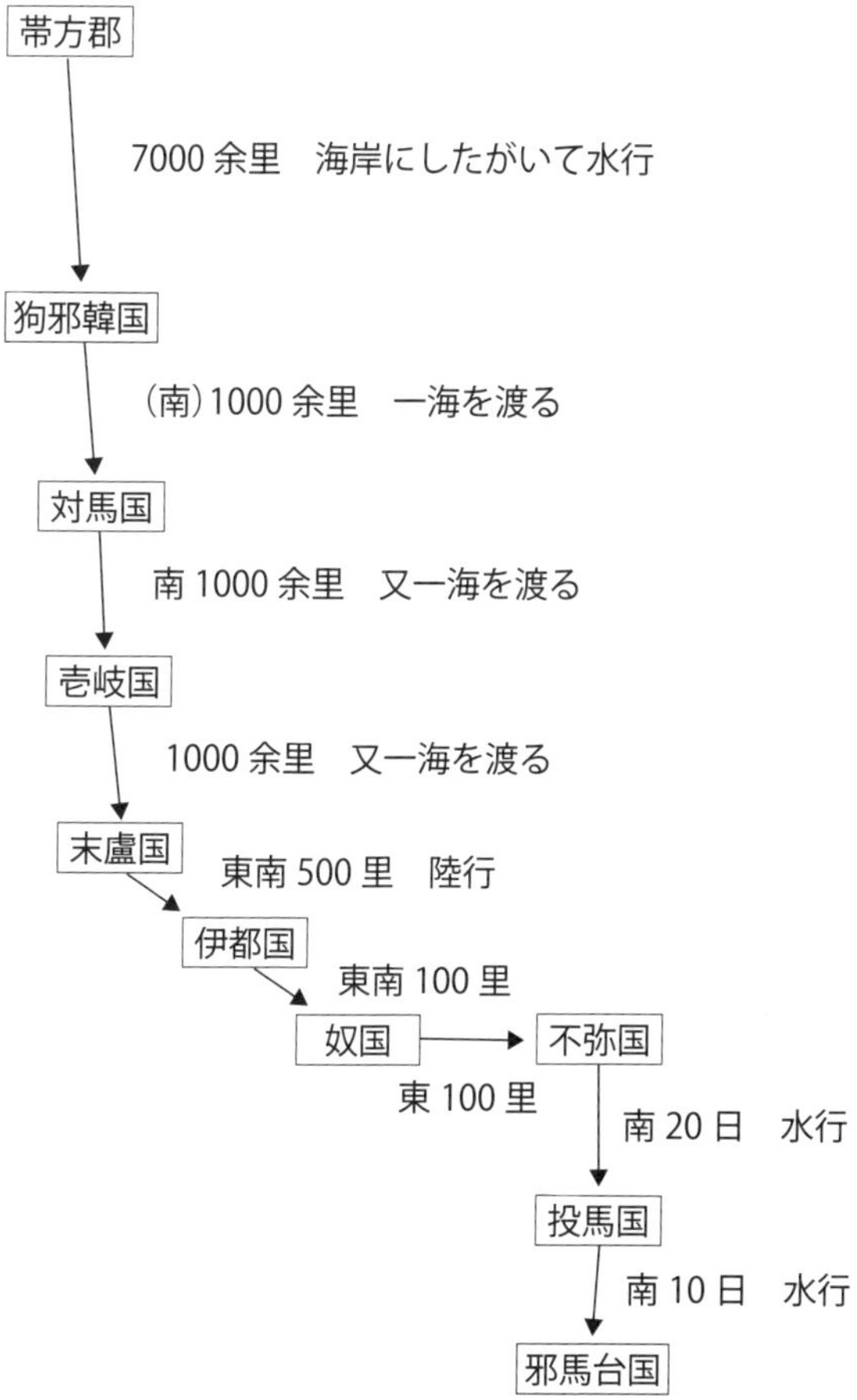

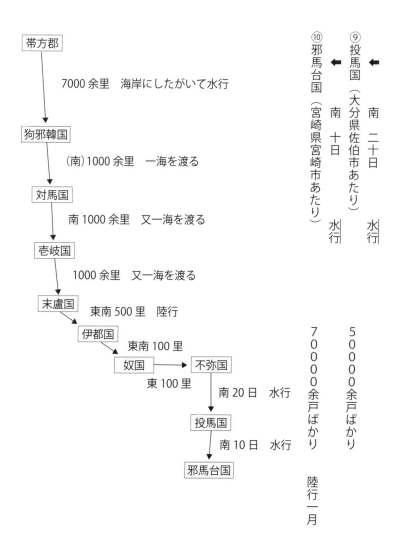

当時の人々の移動手段として、船（舟）を使って海や川を岸伝いに行くことが多かっただろう。

狗邪韓国の面積が「倭人伝」に記載されていないのは、既に承知していたからである。末盧国から投馬国までの面積が記されていないのは経過地であるので必要なかったか、あるいは倭人もわからなかったのか。

「倭人伝」には、邪馬台国について、次のような描写もある。

「其の道里を計るに、當《まさ》に会稽の東冶《とうや》の東に在るべし。」

その（女王国までの）道のりを計算すると、まさに（中国の）会稽の東冶の東にある。会稽郡は、中国にかつて存在した郡で秦代から唐代にかけて長江下流域に設置されたという。会稽郡東冶県である（「県」と「郡」の使い方が日本と逆になる）。現在の江蘇省蘇州市付近であるといわれる。その地の東の方に、邪馬台国は存在していたのだ。緯度を調べてみた。

江蘇省蘇州市➡北緯31度19分

宮崎県串間市⬇北緯31度21分

邪馬台国は、そうするとやはり、現在の宮崎県あたりということになるのだろうか、そう結論づけていいのか、さらに検証していきたい。

その10　狗奴《くな》国について

邪馬台国に到着して簡単に邪馬台国を紹介した後、「倭人伝」は女王に属する国、属さない国について、次のように記述する。少し長くなるので途中略すことにする。

「自女王國以北、其戸數道里可略載、其餘旁國遠絶不可得詳。次有斯馬國、次有己百支國、次有伊邪國、〈中略〉次有巴利國、次有支惟國、次有烏奴國、次有奴國、此女王境界所盡。」

女王國より以北、其の戸數・道里は略載すべきも、其の餘の旁國は遠絶にして詳を得《う》べからず。次に斯馬《しま》國有り、次に己百支《しはくし》國有り、次に伊邪《いや》國有り、〈中略〉次に巴利《はり》國有り、次に支惟《しい》國有り、次に烏奴《うな》國有り、次に奴《な》國有り。此れ女王の境界の盡くる所なり。

【女王国より以北は、その戸数や距離のだいたいのところを記載出来るが、その他のかたわらの国は遠くて情報もなく、詳しく知ることは出来ない。次に斯馬国が有る。次に己百支国がある。次に伊邪国がある。〈中略〉次に巴利国がある。次に支惟国がある。次に烏奴国がある。次に奴国がある。ここは女王の境界の尽きる所である。】

この後に次の文が続く。

「其南有狗奴國、男子爲王、其官有狗古智卑狗、不屬女王。」

其《そ》の南に狗奴《くな》國有り。男子を王と爲す。其の官に狗古智卑狗《くこちひこ》有り。女王に屬せず。

【其の南に狗奴国があり、男子が王になっている。その官に狗古智卑狗がある。女王には属していない。】

「倭人伝」中の「其の南」の「其」がどこを指すのか、で意味が変わってくる。「女王国」「奴国」いずれかということになるが、筆者はこの文の直前に出ている国である「奴国」ととりたい。

奴国の南に女王国に従わないクナ国がある。その国は、多くの人が主張する熊本県あたりだったのだろうか。クコチヒコは菊池（久々智《ククチ》）彦で肥後菊池郡とつながるとする説もある。このあたりには、装飾古墳のチブサン・オブサン古墳、鍋田横穴《よこあな》群、岩原古墳群、岩原横穴群、銘文をもつ太刀《たち》が出土した江田船山《えたふなやま》古墳、石貫《いしぬき》ナギノ横穴群、石貫穴観音横穴、阿高《あだか》・黒橋・御領貝塚・轟《とどろき》貝塚・曽畑《そばた》貝塚、塚原《つかわら》古墳群、田川内《たのかわち》第一号古墳がある。

クナ国、クナ、クナ、クナ……クマ国とはならないか。それは、『古事記』『日本書紀』に出てくる熊襲《くまそ》（熊曾《くまそ》）の国であろうか。

『古事記』には、次のように出てくる。

「おまえたちクマソタケルの二人が、朝廷に服従しないで無礼だと天皇がお聞きになって、おまえたちを討ち取れ、と仰せられて私をお遣わしになったのだ」と仰せになった。

『日本書紀』では、次のようである。

秋八月、熊襲がまたそむいて、辺境をしきりに侵した。
冬十月十三日、日本武尊《やまとたけるのみこと》を遣わして、熊襲を討たせた。

その11　帯方郡から邪馬台国まで

「倭人伝」は、次のように続く。

「自郡至女王國萬二千餘里」

郡より女王國に至る萬二千餘里。

【帯方郡から女王国まで一万二千余里。】

帯方郡から不弥国まで「倭人伝」の距離の表記に従って足し算をするなら一万七百里。ということは、一万二千余里から一万七百里を引き算すると、不弥国から邪馬台国までは残り千三百里となる。末盧国から不弥国までは七百里である。

「末盧国から不弥国まで」の距離対「不弥国から邪馬台国まで」の距離は七百対千三百つまり、七対十三の比率になる。九州地図を眺めてみると、アバウトながらも、距離・方角的に邪馬台国を宮崎県とするのは、そこまで不自然にはならないと思える。

また、末盧国から伊都国までは、五百里。伊都国から奴国までは百里。奴国から不弥国までも百里。倭人伝の言うように、五対一対一の比率になっているか、古代人が辿った路程を改めて推定してみたい。はじめに、末盧国から伊都国まで。まずは、海岸線沿いに陸行で一行は進んだのだろうか。

「倭人伝」には次のような描写が見られる。

「山海に濱《ひん》して居る。草木茂盛《そうもくもせい》し、行くに前人を見ず。」

簡潔にして要を得ていて、その当時の風景が目に見えるようである。名文だと思う。草木が繁茂して前を歩く人の姿すら見えない、道なき道を進んだのだろう。海沿いに現在の博多港の近くまで行き、その入江あたりから現在のJR線や自動車道のルート（？）をたどり伊都国（太宰府市あたり）まで行ったのではないだろうか。太古の人々が行き交った所に、自然と、そこに路が作られ、現代の舗装道路になっていったと思われる。倭人伝では、末盧国から伊都国まで約五百里陸行したことになっている。

伊都国から奴国まで。太宰府市あたりから南方に現在の自動車道に沿って筑紫野市《ちくしの》あたりまで行き、そこから南東へ、現在の朝倉市あたりまで進んだのだろうか。奴国は大きな国で面積も広かったと思われる。奴国から不弥国までの道のりも川に沿ったり現在の自動車道のルートをとったのであろうか。それとも山越えだったのか。

「倭人伝」に言う、末盧国から伊都国まで、伊都国から奴国まで、奴国から不弥国まで距離の比率「五対一対二」は現在の距離数に直しても大体合っていると思われる。方角も「東南→東南→東」でまあまあ（ゆるゆるではあるが）合っていると思われる。北緯を調べてみた。

・末盧国（佐賀県唐津市鎮西町名護屋あたり）→33度53分
・伊都国（福岡県太宰府市あたり）→33度30分
・奴国　（福岡県朝倉市あたり）→33度25分
・不弥国（大分県宇佐市あたり）→33度31分

ところで、古代日向国の前方後円墳の発見箇所の資料を見る。当時、日向国であった鹿児島県の一部（大隅半島）にも分布がまたがっている。この分布地域一帯を含めてが邪馬台国だろうか。薩摩半島では古墳の出土は見られないようだ。

何しろ、陸行一月である。邪馬台国の領土は広かった。古代日向国もまた、広かったのである。

ちなみに、四国八十八か所の札所《ふだしょ》をお参りする現代のお遍路《へんろ》さんについて、新聞に掲載されていた大西葉子氏の文章の一部を紹介したい。

全行程1400キロメートルともいわれ、八十八か所一度に巡るのはなかなか難しい。1日8時間、休憩を取りながら歩いたとしても約40日かかり、〈後略〉

古代日向国の広さはどのくらいだったのだろうか。

現在の宮崎県の面積は七七三五平方キロメートル、鹿児島県大隅半島は約二五四一平方キロメートルである。四国の面積は一万八八〇〇平方キロメートルで古代日向国の約二倍弱となる。

当時は道路事情も悪く、休憩といっても自動販売機があるわけでもカフェがあるわけでもなく、天候が悪い日もあっただろう。

やはり、邪馬台国を歩いて巡るとしたら一月《ひとつき》くらいはかかったのではないか。

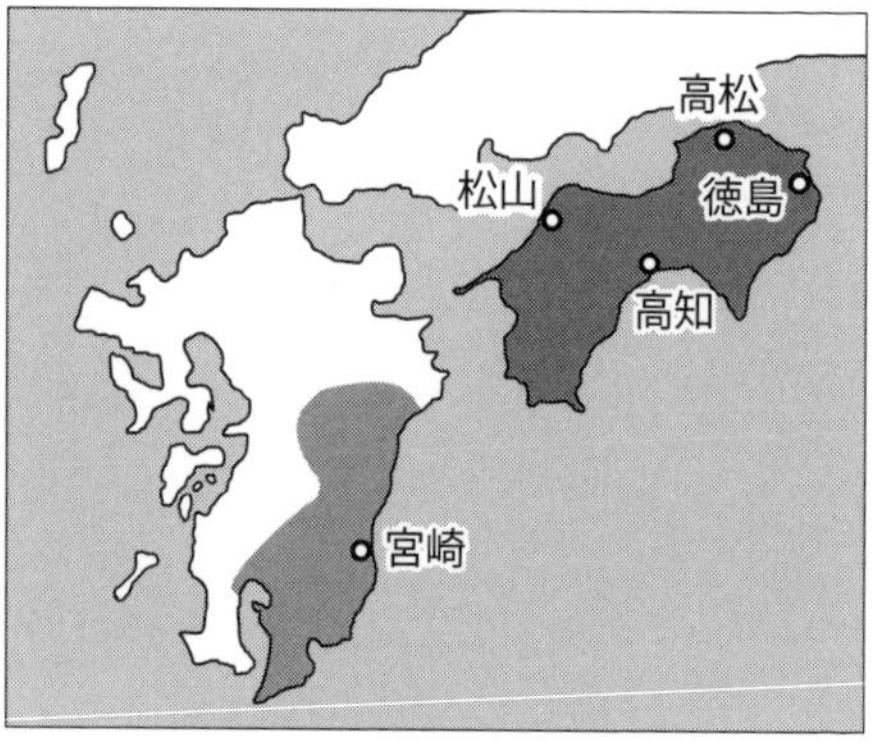

四国と邪馬台国の広さの比較

宮崎県と大隅半島【古代日向国】の
主な前方後円墳の分布
(「西都原古墳群探訪ガイド」より)

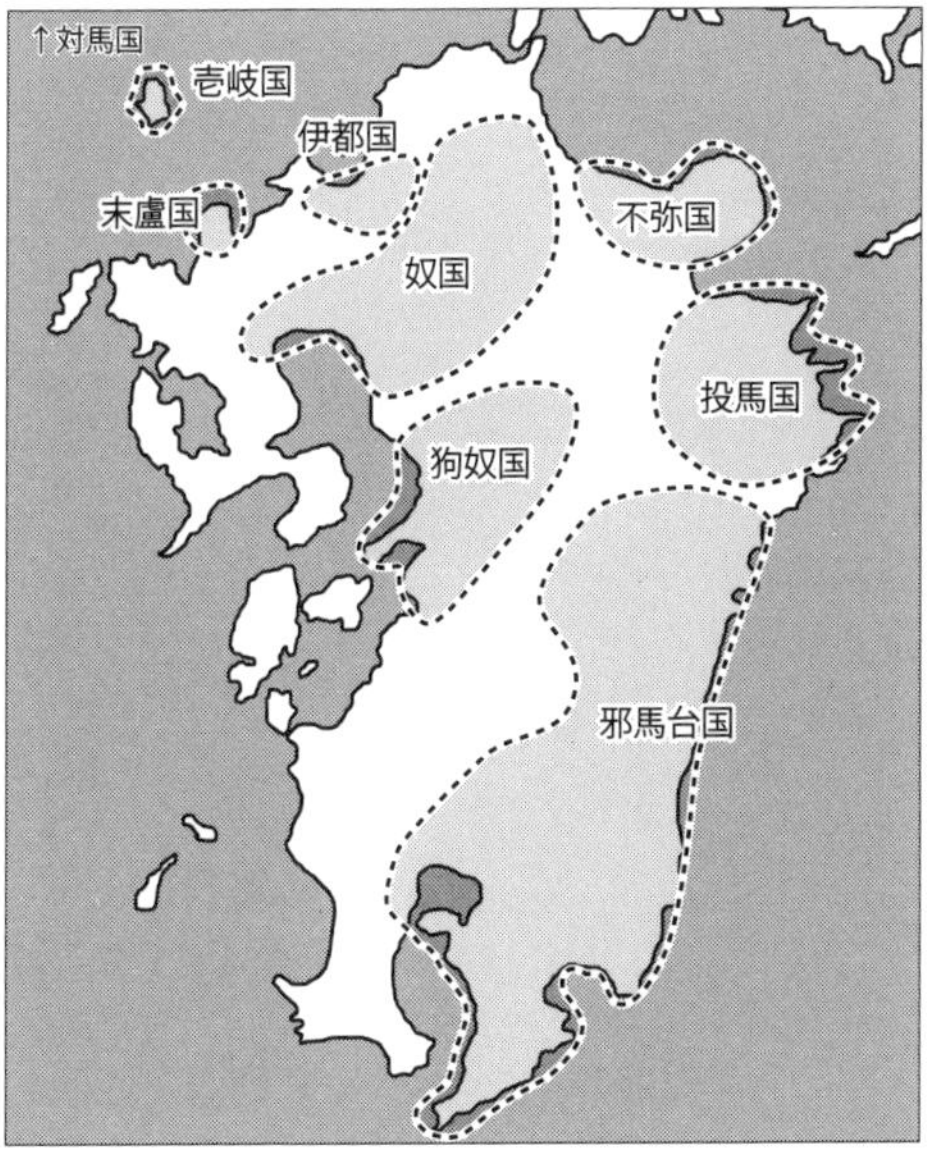

「倭人伝」中の主な国々
(狗邪韓国・対馬国等
を除く)
筆者推定位置

第三章　邪馬台国

前章「邪馬台国への旅」で「倭人伝」の通り、読者と旅をすると宮崎県にたどり着いた。拙著五十一ページの図表に示したように帯方郡からの一行は、南・南・南・南・東南・東南・東・南・南と進んだ。距離数等を考慮しても、少なくとも邪馬台国が九州にあったのは自明である。

次に「倭人伝」の言う邪馬台国と宮崎県との共通点を探ってみたい。

その1　女王の名

「倭人伝」より

「名曰卑彌呼、事鬼道、能惑衆、年已長大、無夫壻、有男弟、佐治國、」

名づけて卑彌呼《ひみこ》と曰ふ。鬼道《きどう》に事《つか》へ、能《よ》く衆を惑はす。年已《すで》に長大なるも、夫壻《ふせい》無く、男弟有り、佐《たす》けて國を治《おさ》む。

【名は卑弥呼という。鬼道の祀《まつ》りを行い人々をうまく惑わせた。非常に高齢で、夫はいないが、弟がいて国を治めるのを助けている。】

注・鬼道→幻術・妖術

邪馬台国の女王の名前は卑弥呼。「卑弥呼」を我々は「ヒミコ」と呼んだ。しかし、「呼《こ》」は、「呼《か》」とも読める。「ヒミカ」ではなかったか。

～中国音の歴史が明らかになってくると、いままで無造作に「コ」と呼んでいた「呼」も、果たして「コ甲」でよいのかどうか、むしろ「カ」であるべきではないか、とい

うような問題も出て来る。（頼惟勤《らいつとむ》氏）〜

ヒミカ、ヒミカ、ヒミカ、……。ヒムカ。女王の名はヒムカ。宮崎県の旧国名は日向国《ヒムカのくに》である。

ヤマタイ国はヒムカ（日向）女王の国。ヒムカと倭人は言ったが、中国人にはヒミカと聞こえた。

そして「卑弥呼《ひみか》」と記した。それを我々は「ヒミコ」と呼んだのだろうか。

その2　冬の生野菜サラダ

「倭地温暖、冬夏食生菜、」

倭の地は温暖、冬夏生菜を食す。

【倭地は温暖で、冬でも夏でも生野菜をたべている。】

地球は大昔から気温の上下を繰り返していて、当時の日本列島は比較的温暖な気候だったと言われている。

現代も温暖化現象が言われているが、それでもやはり、日本列島には四季の変化が有り、冬は積雪が見られる。九州地方で積雪が見られないのは、沖縄県を除くと、宮崎県の海岸よりの平野部のみでないのか。このあたりは、仮りに冬に雪が降ったとしても、めったに積もらない。地面に降りるまでに溶けるか、地面に到達しても、その場で、はかなく消える。正確に言うなら雪は降るのでなく、舞うのである。現代のように、ビニールハウス栽培など出来なかった古代、日向地方では霜や雪によってダメージを受けない畑の新鮮な野菜を冬の間も生食できたのである。

その3　赤い化粧

「以朱丹塗其身體、如中國用粉也、」

朱丹《しゅたん》を以て其の身體に塗る、中國の粉を用ふるがごときなり。

【赤い顔料をその体に塗るが、それは中国で粉おしろいを使うようなものである。】

丹については、「倭人伝」の別の箇所にも出てくる。邪馬台国にある動植物について触れている箇所である。その部分を全部取り上げてみたい。

「出眞珠・青玉、其山有丹、其木有柟・杼・豫樟・楺・櫪・投・橿・烏號・楓香、其竹篠・簳・桃支、有薑・橘・椒・蘘荷、不知以爲滋味、有獮猿・黒雉。」

眞珠・青玉を出だす。其の山には丹《たん》有り。其の木には枏《だん》・杼《ちょ》・豫樟・楺・櫪・投・橿《きょう》・烏號・楓香有り。其の竹には篠・簳・桃支。薑《きょう》・橘・椒《しょう》・蘘《じょう》荷《か》有るも、以て滋味と爲すを知らず。獮猿《あかげざる》・黒雉《くろきじ》有り。

【真珠や青玉を産出する。その山には丹がある。その木は枏、杼、豫樟、楺、櫪、投、橿、烏號、楓香がある。その竹は篠、簳、桃支。薑・橘・椒・蘘荷などがあるが、（それを使って）うまみを出すことを知らない。アカゲ猿や黒雉がいる。】

注・真珠→現在の国内の産地は愛媛県、長崎県、三重県。装飾品だけでなく呪術《じゅじゅつ》的な意味も
　持った。薬効があるとされた。

青玉→サファイアのこと（碧玉製管玉《へきぎょくせいくだたま》が宮崎県西都原古墳から出土している。碧玉とは
　ブルーサファイアのこと。碧玉製管玉は、他県の古墳からも出土している。）

丹《たん》→硫化水銀からなる赤土（赤色顔料として化粧に使ったり、塗料に使う。薬用とす
　る。不老不死の薬とされた。）

枏→タブ（クスノキ科・暖地の海岸沿いに自生・木材として使用・樹皮は染料や食用と

なる。）

杼→トチ（果実・種子は食用となる・種子には薬効がある・木材として使用。）

豫樟→クロモジ（クスノキ科・枝葉には薬効がある。）

楺→ボケ（バラ科・鑑賞用・果実には薬効がある・香りがよく、食用にもなる。）

櫪→クヌギ（樹皮や葉は染料、薬用にする・木材として使用・実はどんぐりで食用となる。）

投→スギ（木材として使用・葉には薬効がある・樹皮は建築材に使う。）

橿→カシ（実はどんぐり・材は硬くて強く、船舶《せんぱく》用材。）

烏號→ヤマグワ〔山桑〕（葉を蚕が食べる養蚕用・果実は食用になる。）

楓香→カエデ（鑑賞用・木材として使用。）

篠→ササ・シノ（実とタケノコを食用とする。葉には防腐作用がある・観賞用。）

簳→ヤダケ（矢・釣り竿の材料となる。）

桃支→マダケ〔真竹〕カヅラタケ（かごなど日用雑貨の材料となる・タケノコは食用。）

薑→ショウガ

橘→タチバナ（ミカンの類の古称・古代は、不老長寿の木の実とされた。）

椒→サンショウ

蘘荷→ミョウガ
（ショウガ、タチバナ、サンショウ、ミョウガを香辛料として当時、使うことはなかった。）
獼猿→アカゲ猿（パキスタン以東、インダス川上流と揚子江《ようすこう》河口を結ぶ線より南のアジアに分布する。）
黒雉→黒キジ（当時は食料にしていた。キジの雄は体は主に濃い緑色とその他の色を、雌は褐色である。ちなみに、宮崎県の県鳥は、キジ科のコシジロヤマドリで、雄雌とも体は褐色をしている。ところで、平安時代の文学等に様々な色が出てくるが、古代日本には色名は四種類しかなかったという。赤・青・黒・白である。茶色は、黒色になるのだろうか。）

当時、丹は、朱砂の赤っぽい色を利用して赤の顔料として使われ、黄金や鉄とともに貴重なものであったらしい。建物の柱や壁、橋、矢などの塗料として、また、仏教が伝来した飛鳥時代には仏像の材にも使われたそうだ。当時、赤色は邪霊《じゃれい》を祓《はら》うと考えられていた。

矢嶋澄策《やじますみさく》氏は「日本水銀鉱床の史的考察」という論文の中で次のように述べている。

わが国の鉱物産地を記載した最も古く、かつ最も信頼のできる古文献は「続日本紀《しょくにほんぎ》」で、この中に、文武天皇二年九月（六九八）に「伊勢国は朱砂雄黄を、常陸国・備前・伊予・日向の四国は朱砂を安芸、長門の二国は金青・緑青を、豊後は真朱を貢す。」と記されている。

宮崎県西都原古墳一三号墳（古墳前期）からは朱塗り木片が出土している。日向国に丹（朱砂）はあったのである。

朱塗り木片
（西都原考古博物館）

その4　お酒好き

「人性嗜酒」人性酒を嗜《たしな》む。【人は酒を好む性質がある。】

日向国には、古代すでに四八〇〇ないし九二三六町歩の水田があった（『地図の風景』桑原公徳）と言われる。今でも、農業産出額は全国五位（二〇一九年）で全国屈指の農業県である。温暖で年間降雨量は平均的で作物の生育に適した環境にある。そのため、宮崎県では四季折々さまざまな農作物が容易に生産できる（『宮崎のトリセツ』より）。

酒量（焼酎）六年連続日本一（宮崎日日新聞二〇二〇年八月十九日記事）を誇っているのは宮崎県である。お酒は、米が主原料である。湿地帯が広がる古代の宮崎平野では、稲作が盛んで穀物が豊富に実っていた。余剰の穀物から酒を造り、好んで飲んでいたのだろう。その後、風土に合う焼酎づくりに移っていったのだろう。

その5　巨大古墳

「倭人伝」は、卑弥呼の死（二四八年）を次のように伝える。

「卑彌呼以死、大作冢、徑百餘歩、徇葬者奴婢百餘人。」

卑彌呼以て死す。大いに冢《ちょう》を作る。徑百餘歩、徇葬《じゅんそう》する者、奴婢《ぬひ》百餘人。

【卑弥呼は死に、塚《つか》を大きく作った。直径は百余歩。殉葬者は男女の奴隷、百余人である。】

注・冢→塚、墓

・殉葬→目上の人の死に従って、ともに葬られること。

ところで、宮崎県には全国有数の古墳群である「西都原古墳群」がある。これについて今から触れてみたい。『西都原古代文化を探る』（二〇〇三年）には次のようにある。

「宮崎県内には一五九〇基の古墳（柄鏡式も含んで前方後円墳が約一六〇基）が確認されている。主として、宮崎市を流れる大淀川以北の中央平野部一帯に展開している。主要河川である一ツ瀬川、小丸川、大淀川の三河川流域に沿って大群在している。」

『古墳時代の南九州の雄西都原古墳群』（二〇一七年）から要点を抜粋する。

「宮崎県のほぼ中央を東流する一ツ瀬《ひとつせ》川の中流右岸、西都市街地の西方に位置する。日向灘の海岸線からは約一三キロの距離

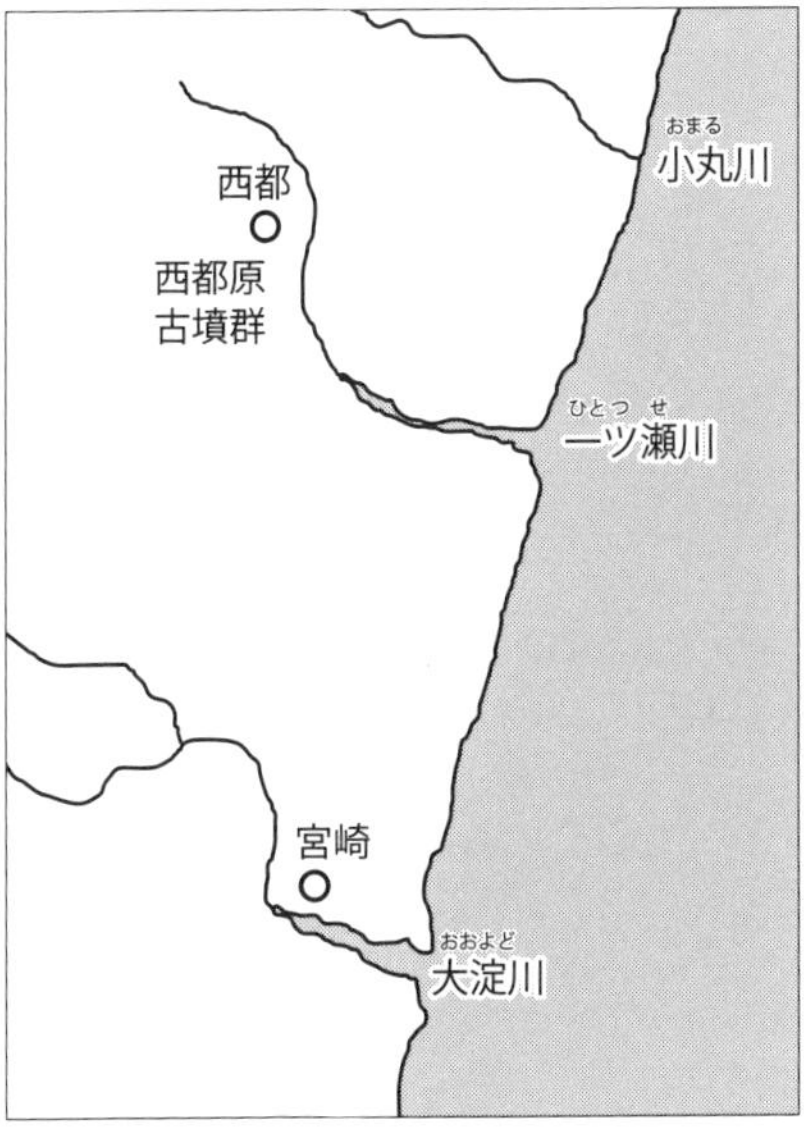

三河川

がある。」
「標高六〇〜八〇メートルの通称「西都原台地」を中心に〈中略〉その範囲は、おおよそ南北四・二キロ、東西二・六キロにもおよぶ。特別史跡としての指定面積は五八ヘクタールを超え、」
「三〇〇基を超える古墳〈中略〉前方後円墳だけでも三二基が存在しており、」

この古墳群の中の男狭穂塚《おさほづか》は、国内最大の帆立貝形《ほたてがい》古墳である。天孫降臨の神話で語られる天孫ニニギノミコトの墓と地元では伝えられている。一方、『日本書紀』には、ニニギノミコトは、筑紫《つくし》の日向《ひむか》の可愛《え》（宮崎県延岡市北川《きたがわ》の可愛岳）の山稜《みささぎ》に葬《ほうむ》り申しあげたとある。

男狭穂塚の長さは約百七十六メートル、後円部直径約百三十二メートル、後円部高さは約十九メートル。周囲には幅二十メートルの二重の周濠《しゅうごう》（からぼり）がめぐらされ、築造は五世紀前半と推定されるといわれる。

隣の女狭穂塚《めさほづか》は、前方後円墳で九州最大で、ニニギノミコトの妃コノハナサクヤヒメの墓と地元では伝えられている。全長は百七十六メートル、後円部の径九十六メートル、同じく高さ十五メートル・くびれ部幅七十一メートル、前方部の幅百十メートル、同高さ約十三メートルである。やはり五世紀前半に造られたと見られている。

これらの古墳は、近畿と吉備地方（岡山県）以外では例を見ない巨大さであるという。また、両塚の前後関係については、「男狭穂塚の方が時期的に先行している（日高正晴氏）」という説と「非常に近接していると思われ、意見がわかれておりいまだ決着をみていない（東憲章氏）」とする説がある。

倭人伝に「径百余歩」と記された卑弥呼の墓。当時の中国では、一歩は右足、左足と両足出して一歩と捉えたそうである。つまり、今でいう所の二歩である。歩幅の目安を次のようにする。

歩幅＝身長（㎝）×0・45（オムロンヘルスケア（株）の目安より）

当時の人の平均身長が仮に百五十センチとするなら歩幅は六十七・五センチとなり、かける二で、中国では一・三五メートルが一歩となる。百歩で百三十五メートルとなる。この長さは、男狭穂塚の後円部直径約百三十二メートルにかなり近くなると思われる。

ところで、西都原古墳群や周辺古墳群からは、いろいろな出土品がある。子持家形埴《こもちいえがた》輪・船形《ふながた》埴輪・さまざまな鏡・鉄製の武器・武具類などである。

子持家形埴輪については、次のように言われる。

「伏屋式と呼ばれる大きな家の前後左右に小さな家が付いたもので、こうした形式の埴輪は全国でこの一例のみ」（『もっと知りたい宮崎の古代』より）

船形埴輪も、全長が一メートルを超えていて、近海用ではなく、東シナ海など大海を航行できる船で船首と船尾が大きく反《そ》りあがっているのが特徴である。船形埴輪に類似した出土品は畿内地方のみで発見されている。

船を漕ぐオールを固定するための突起が両側に六個ずつ付いているので、十二人もしくは二十四人がオールを漕いでいたとされる。帆は付いていない。

子持家形埴輪・船形埴輪とも、本物は東京国立博物館に展示されている。

両者とも出土は男狭穂塚の陪塚《ばいちょう》である一六九号墳から出土したと従来言われてきた。陪塚とは近親者や従者を葬ったり、副葬品を納めたとされる、大古墳の近くに存在する小さな古墳のことである。

一六九号墳は、通称飯盛《いいもり》塚と言われる。西都原では最大級の円形墳である。が、近年、平成の再調査で多量の埴輪の残片が発見されたことで、子持家形埴輪・船形埴輪どちらも出土古墳が一七〇号墳に訂正された。一七〇号墳も男狭穂塚の陪塚とみなされている。

また、一六九号墳では、新たな船形埴輪の存在が平成の調査で確認された。船底の途中から竪板《たていた》（波切板《なみきりいた》）が立ち上がる二重構造の船である。出土品の破片をもとに推定したそうである。

一六九号墳では、他に人骨片、玉虫の羽も見つかっている。

玉虫の羽について、日高正晴氏は次のように言う（一九七八

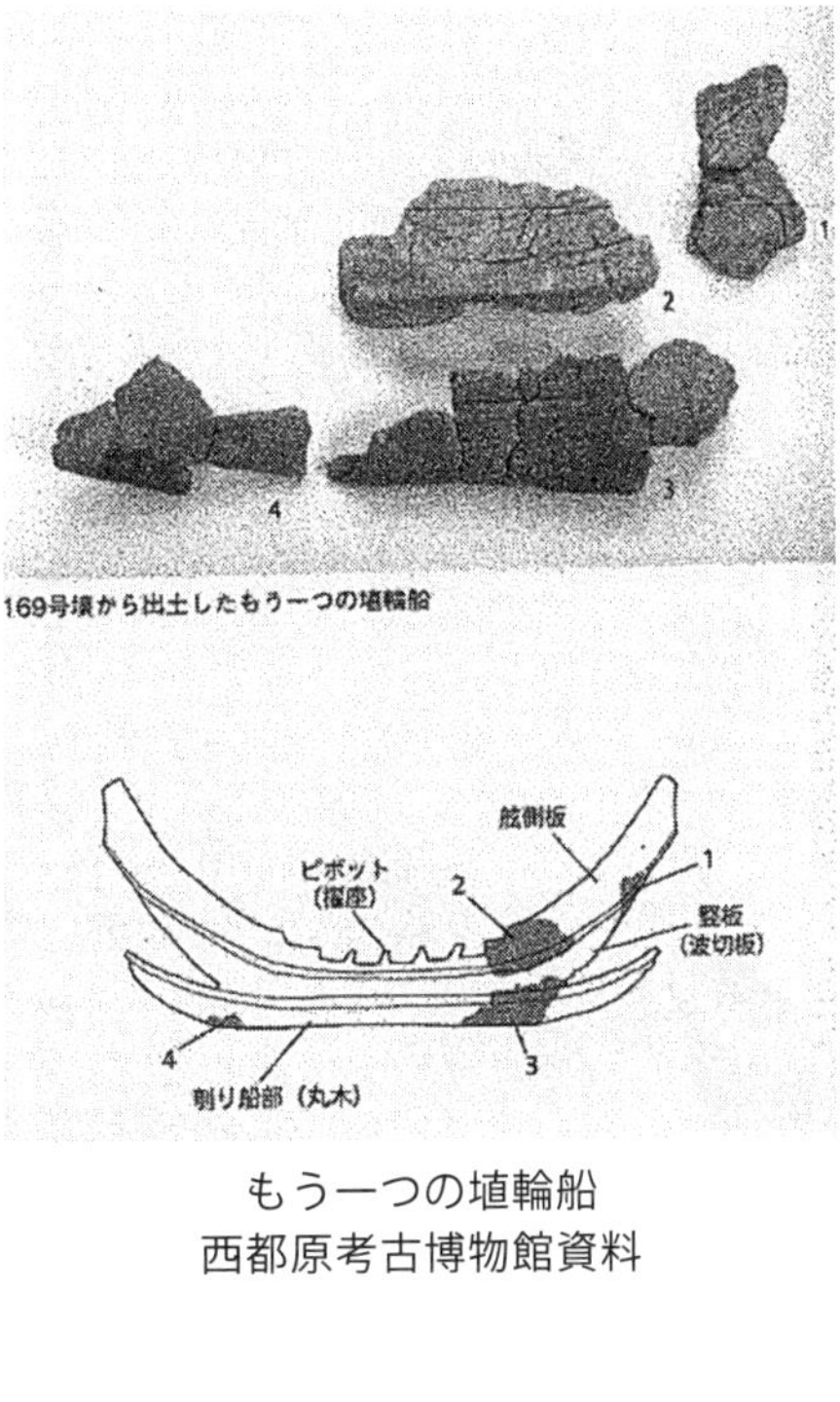

もう一つの埴輪船
西都原考古博物館資料

年）。

「このなかで興味あることは、発掘された銅鏡の面上に玉虫の羽が置いてあったことである。このように古墳の副葬品に玉虫の羽が発見された例は他にはなく、全国的に珍しいものとされている。この風習は法隆寺の玉虫厨子――金銅透彫の唐草金具の下に玉虫の羽を敷いたもの――で一般に知られているがよほど、古来《原文ママ》から日本人に愛好されてきたものと考えられる。」

ちなみに、二〇一三年三月、福岡県古賀市の船原《ふなばる》古墳で玉虫の羽の装飾を施した馬具《ばぐ》が出土されてニュースになっている。玉虫の羽は見る方向によっていろいろ違う色に見え、色彩豊かで美しかったろうと言われる。

また、西都原古墳群周辺の古墳群から、金《こん》

法隆寺の玉虫厨子《たまむしのずし》

銅製《どうせい》のものが特に多数出土していて、金銅製馬具類は国宝に指定され、東京の五島《ごとう》美術館に展示されている。

ところで、ここで特筆すべきことは、三百基を超える西都原古墳群でも、人物埴輪は十基前後の古墳でしか発見されていないということである。県内の他の古墳群でもそれほど発見されてない。県内の古墳の規模に比し、人物埴輪は全体的に少ないようだ。

こう言うと、

「えー、嘘だぁー。土産物店や街中や平和台公園とかにたくさん、埴輪がいるよね。あれは何?」

という声が聞こえそうだ。

そう、おなじみの「踊る人」「武人埴輪」「馬形埴輪」などは、他県出土の埴輪なのだ。主に関東系と聞く。

地元の人ですら、こうなのである。ましてや、県外客は、神話の里宮崎に来て、至る所で埴輪を見て、それらを宮崎出身の埴輪と思い込まないだろうか。

『日本書紀』では、野見宿禰《のみのすくね》が陵墓へ殉死者を埋めるかわりに土で作った人馬を立てることを垂仁《すいにん》天皇に提案したとあり、これが埴輪の始まりとされる。次のように出てくる。

皇后日葉酢媛命《ひばすひめのみこと》がなくなられた。葬るのにはまだ日があった。天皇は群卿に詔して、「殉死がよくないことは前に分った。今度の葬《もがり》はどうしようか」といわれた。野見宿禰《のみのすくね》が進んでいうのに、「君王の陵墓《りょうぼ》に、生きている人を埋め立てるのはよくないことです。どうして後の世に伝えられましょうか。どうか今、適当な方法を考えて奏上《そうじょう》させて下さい」と。使者を出して出雲国の土部《はじべ》百人をよんで、土部たちを使い、埴土《はにつち》で人や馬やいろいろの物の形を造って、天皇に献上していうのに、「これから後、この土物《はに》を以て生きた人に替え、陵墓に立て後世のきまりとしましょう」と。天皇は大いに喜ばれ、野見宿禰《のみのすくね》に詔して、「お前の便法はまことにわが意を得たものだ」といわれ、その土物を始めて日葉酢媛命《ひばすひめのみこと》の墓に立てた。よってこの土物《はに》を名づけて埴輪《はにわ》といった。あるいは立物《たてもの》ともいった。命を下されて、「今から後、陵墓には必ずこの土物をたてて、人を損ってはならぬ」といわれた。天皇は厚く野見宿禰の功をほめられて〈後略〉

野見宿禰は、三世紀後半から四世紀半頃にかけての人だと言われている。そうなると、人物埴輪は一切出てこない男狭穂塚・女狭穂塚の築年が五世紀と言われるのは年代が合わなくなるのである。これをどう解釈すれば良いのか。

ちなみに、大阪府堺市にある仁徳天皇（垂仁天皇から六代後）の御陵と伝わる大仙古墳（だいせん）は、五世紀前半から半ばに築造されたと言われている。全長約四百八十六メートル、後円部径二百四十九メートルの国内最大の前方後円墳であり、面積では世界最大の墓になる。

人物埴輪の宮崎県内での出土例は、宮崎市の北隣にある新富町の新田原《にゅうたばる》古墳群の一角にある百足塚《むかでづか》古墳からであり、まとまって発見されている。

新田原古墳群は、県中部を流れる一ツ瀬川をはさみ、西都原古墳群の対岸に位置する。五世紀から六世紀、西都原台地で古墳の造営がなくなり、代わりにこちらで造られ始めたという。

宮崎県庁本館前庭には、県内出土の埴輪のレプリカが展示されている。地元の通りすがりの人や観光客やビジネス客が足を停めるスポットにもなっているようだ。

「壺形《つぼがた》」
宮崎市　生目古墳群
四世紀
高さ46センチ

「子持家《こもちいえ》」
西都市
西都原古墳群
五世紀
高さ55センチ×
幅92センチ

「船《ふね》」
西都市
西都原古墳群
五世紀
高さ35センチ
×幅105センチ

「盾持人《たてもちびと》」
新富町　新田原古墳群
六世紀
高さ92センチ

「跪《ひざまず》く人《ひと》」
新富町　新田原古墳群
六世紀
高さ63センチ

「鶏形《とりがた》」　新富町　新田原古墳群　六世紀　高さ52センチ

その6「かぞえ歌」

日高正晴著『西都原の古墳』（一九七八年）の男狭穂塚について説明した箇所を引用したい。

「では柄鏡式古墳とした場合、何故に、前方部が不自然な形状をしているのであろうか。〈中略〉どうみても、柄鏡式古墳の柄の部分には不自然さを感じていたが、最近、この細長い不整な盛り土は、主墳の地山とは異った黒色腐蝕土層だけの土盛りであることがわかり、後世的なものであることが判明した。そうすると、この古墳が柄鏡式でないということになるが、それでは、円形墳であるか、それには二重の隍《ほり》のうち、内隍の参道正面の東側が内曲せずに、参道と並行していることの説明がつかない。また、このような大円形墳の存在した例がない。それで円形墳としても納得がいかない。そこで考えられることは、帆立貝式古墳ではないかということである。」

注・柄鏡《えかがみ》式（形）古墳↓前方部の幅が後円部と比べて小さく、前方部の全面が三味線のバチのように開く古墳

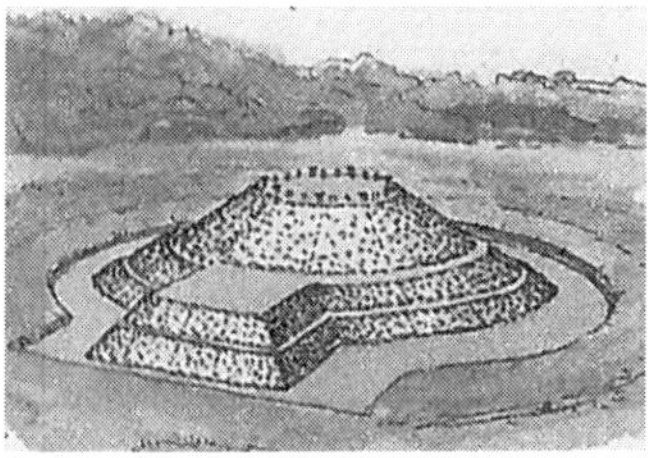

帆立貝形古墳

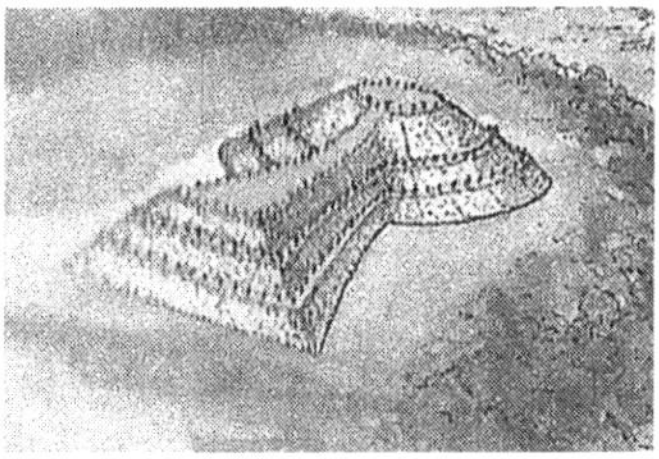

柄鏡形古墳

（「西都原古墳群探訪ガイド」より）

男狭穂塚（右）・女狭穂塚の模型
（西都原考古博物館提供）

・帆立貝式《ほたてがい》（形）古墳↓前方後円墳の前方部が極端に小さくなった形をしている古墳

本書の「あとがき」に、著者は、「本冊子では新説として、男狭穂塚は帆立貝式古墳ではないかと提唱した。」と述べている。現在では、著者の主張どおりに「男狭穂塚は帆立貝形古墳で、古墳の長さは、約一七五メートル（二〇〇七年時点）である」と西都原考古博物館の『探訪ガイド』にもはっきりと記されている。

墳丘の形等、門外漢の筆者にはよくわからないが、気になったのは文章中の「細長い不整な盛り土は、後世的なものであることが判明した。」のくだりである。後世に手が加えられることもありだとしたら、古墳の作られた年も変化することにならないのか。

また、日高正晴氏は、一九一二年（大正元）十二月二十五日から六年かけて、西都原古墳群で毎年行われた日本初の本格的な古墳発掘調査についても、冊子の中で触れている。巻末に、大正初年に中央から参加した黒板《くろいた》勝美が、発掘作業を手伝ってくれた地元の青年に残したという「数《かぞ》え歌」を紹介していた。次のようである。

かぞえ歌

一つ　姫塚掘り始め
二つ　舟塚ちょいとのぞき
三つ　ミサオ塚手をつけず
四つ　世の中さわがして
五つ　いつまで掘ったとて
六つ　昔がわかろうか
七つ　何でも掘り返し
八つ　やたらにかきまわし
九つ　細かに調べたが
十で　とうとう分りゃせぬ

この歌の中に込められた黒板勝美の徒労感・忸怩《じくじ》たる思いをヒシヒシと感じるのは筆者だけだろうか。

「三《みっ》つ　ミ|サオ塚手をつけず」本来の呼称はメ|サホヅカ（女狭穂塚）であるが、インパクトをつける為にわざと間違ったのか。語呂合わせで、こうなったのか。

ミサオ塚手をつけず
世の中さわがして
いつまで掘ったとて
昔がわかろうか
…………
とうとう分りゃせぬ

「手をつけず」というより、正確には「手がつけられなかった」。調査しろと言われても肝心《かんじん》のものには手をつけられないから、いつまで調査しても昔（真実）がわかるはずはない。とうとうわからなかった。当時、学界の第一人者と言われた黒板勝美は、このように訴えたかったのではないか。憤懣《ふんまん》やるかたなさを、ともに汗水流して協力してくれた素朴な青年達に、慰労の思いを込めて、自嘲の思いを込めて、かぞえ歌として残したのではなかったか。

一八九五年（明治二十八）十二月、男狭穂塚・女狭穂塚は陵墓《りょうぼ》参考地であるということで、この両塚を含む九万八千七百平方メートルの地域は、宮内庁の管轄《かんかつ》下《か》となっていた。両塚の自由な立ち入りは現在も禁止されている。学術目的でもアウトである。

陵墓参考地とは、天皇や皇族を埋葬した可能性はあるが、特定に至る資料が存在しない墳墓のことである。

次に、少々長くなるが、東憲章氏の『古墳時代の南九州の雄　西都原古墳群』（二〇一七年）の文章を引用させてもらう。

「古くから全国にその名は知られていた西都原古墳群も、近年に至るまで具体的な中身については漠然とした状態であった。〈中略〉早い時期に指定を受け保護が図られた反面、発掘調査などが制限されていたことも一因である。古墳の年代的位置づけや首長墓の変遷、群構造の理解などについては、大正時代の発掘を大きく超える情報はなかった。〈中略〉こうした状況を打開し〈中略〉一九九五年にはじまる保存整備事業による発掘調査であった。測量図の検討、発掘による出土品からの年代推定などをへて、前方後円墳の多くは古墳時代前期に築造されたものと考えられるようになった」

近年の調査で、関係の研究者の方々のご尽力で古墳の築年代も徐々に明確になりつつあるようだ。両古墳も築造年代が変われば、初めは円墳であったかもしれない男狭穂塚古墳は、卑弥呼の墓の可能性も出てくるかもしれない。そうすると、女狭穂塚は卑弥呼の後継者台与《とよ》なのだろうかと、筆者の妄想も広がる。

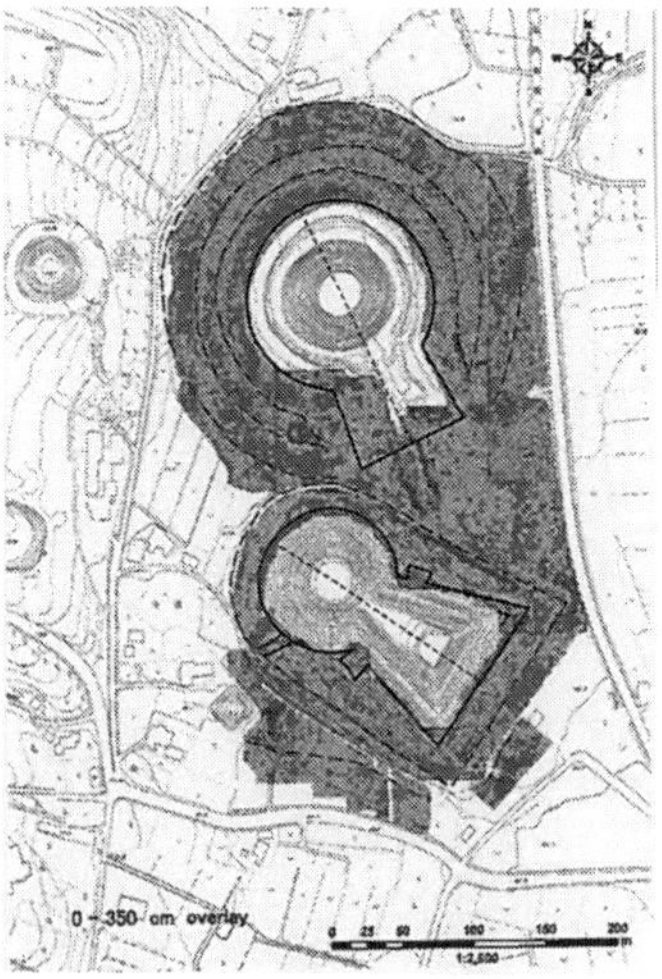

地中レーザー探査（2004 年～）
西都原考古博物館資料

第四章　邪馬台国と大和王権・大和朝廷

その1　国の呼称の類似性

邪馬台国は、通常、ヤマタイ国と呼ぶが、ヤマト国とも呼べる。というか、古くは、そう認知されていたという。ヤマタイ国と呼んだのは、江戸時代の儒学者であり、政治家でもあった新井白石が大和王権と区別するためであったと言われている。新井白石の認識では、邪馬台国＝大和王権ではなかったのだろう。また、邪馬台国は、大和王権に滅ぼされた、吸収されたという説もある。

大和王権とは、日本列島の大半を四〜五世紀までに統一した大和朝廷の前に成立した王権をいう。旧来は大和朝廷と呼ばれてきたものである。

筆者は、前述したように邪馬台国＝大和王権・大和朝廷の説をとりたい。

七世紀成立の『隋書』東夷伝・倭国には次のようにある。

其の國境は東西五月行、南北は三月行にして、各〻海に至る。其の地勢は東高くして西下り、邪靡堆《やまと》に都す、即ち魏志の所謂邪馬臺なる者なり。

日本国・日本人は倭国・倭人と「倭人伝」の中に出てくる。「倭」とは中国人が我が国に対して使った呼称である。「倭《ワ》」→これをヤマトと呼んだ。後に「和を以て貴しと為す」の「和」となり、グレイトの意味合いを込め「大」を冠して「大和」これもヤマトと呼んだ。もとは、日向《ひむかの》（日が向かう・日に向かう）国であったが、東遷して太陽に近くになったということで日本（日の本《もと》の）国になったのではないか。「日」は、「日輪《にちりん》」とも呼ばれた。後に、国を表す旗（国旗）が作られた際もワを描き赤く塗りつぶして太陽を表した。

神話の中の「日本」もヤマトとも読んだ。

『古事記』では、神倭伊波礼毘古尊（カムヤマトイワレビコノミコトであり、「倭健命」（ヤマトタケルノミコト）である。

『日本書紀』では神日本磐余彦天皇（カムヤマトイワレビコノスメラミコト）であり、「日本武尊」は、ヤマトタケルノミコトである。

『隋書』東夷伝・倭国に、次のようにある。推古天皇一五年（六〇七）、遣隋使小野妹子《おののいもこ》は隋の煬帝《ようだい》に次のような国書を渡したという。

「日出《い》づる處《ところ》の天子、書を日没する處の天子に致す、恙無《つつがな》きや、云云」

（太陽の昇る所に住む天子から、太陽の沈む所に住む天子に手紙を出します。お元気でしょうか、云云）

この時、わが国は、中国と対等の立場を取ろうとし、実際、対等の立場にあったのである。

その2　古墳出土品の共通性

「日向にはこの柄鏡式古墳が多いが、他の地域にはあまり存在しない。しかし、大和には〈中略〉柄鏡式とよく似た形式の巨大古墳が存在する〈中略〉大和の磐余《いわれ》の地にあるが、〈中略〉初期の大和王権の根拠地だった場所である。」（梅原猛）

日向国の古墳からの出土品の多くが近畿地方の出土品と類似しているといわれる。西都原古墳群にほど近い百塚原《ももつかばる》古墳群から出土した金銅製馬具類は、あの応神天皇陵の陪塚からの出土品とそっくりで、ともに国宝に指定されている。

かつて南九州独自の地下式横穴墓は熊襲や隼人の墓として扱われていたが、最近では副葬品の内容などから大和王権と深い関わりがあったと考えられている。（「宮崎のトリセツ」）

五世紀から六世紀にかけて、宮崎県西都原古墳群では前方後円墳の造営が一時なくなり、ふたたび前方後円墳が現れるのは六世紀中頃になってであるという。大和朝廷は、四世紀から五世紀にかけて作られたという歴史的事実とこれは時間的に重なる。前方後円墳が一時造られなかったのは、中心人物達がみな、国づくりの為、出払っていた（神武天皇東遷以降）からではないのか。

その3　神話の舞台

邪馬台国がヤマト国と呼べたとしても、古墳出土品が大和王権と酷似していたとしても、邪馬台国＝大和王権・大和朝廷とする決定的決め手にはならないのかもしれない。

しかし、邪馬台国（ヤマト国）が大和（ヤマト）朝廷になったとするなら、宮崎県に伝わる神武天皇東遷も、ごく自然にストレートに受けとめることができる。

仮に、宮崎県以外の地が大和朝廷につながりがあるとするなら、奈良時代に国の成立を表す歴史書『古事記』『日本書紀』をまとめるにあたり、どうして筑紫（九州）の日向国が登場してくるのか。合点がいかないのは筆者だけだろうか。

もし、無関係なら、その成立の舞台をなぜ日向国にしたのだろうか。筆者は素朴な疑問を抱いてしまう。自分達の出自を偽る必要はないはずだ。

やはり、『古事記』『日本書紀』は全くのフィクションではなく、その中には、なんらかの史実が語られているのではないだろうか。

『古事記』では、宮崎県高千穂のくじふるたけに天孫降臨したニニギノミコトが、次のように言っている。

注・「くじふる」↓「霊妙な、神秘的な」の意。

「此地者、向韓國、眞來通笠沙之御前而、朝日之直刺國、夕日之日照國也。故、此地甚吉地」

「此地《ここ》は韓国《からくに》に向ひ、笠沙《かささ》の御前《みさき》に真来通《まきとほ》りて、朝日の直《ただ》さす国、夕日の日照る国なり。かれ、此地《ここ》はいと吉き地《ところ》」

(「この地は朝鮮に相対しており、笠沙の御碕《みさき》にまっすぐ道が通じていて、朝日のまともにさす国であり、夕日の明るく照る国である。だから、ここはまことに吉い土地だ」)

この後は次のように続く。

（と仰せられて、地底の磐石《ばんじゃく》に太い宮柱を立て、天空に千木を高くそびえさせた、壮大な宮殿にお住まいになった。）

注・千木《ちぎ》↓屋根の両端の木が交叉《こうさ》して、棟より上に突き出た部分をいう。

「韓国」について北郷泰道《ほんごうひろみち》氏は「宮崎県謎解き散歩」の中で次のように語っている。

「韓国」に向かうとは、朝鮮半島の「韓」と中国大陸の「唐《から》」を含み、外洋に開けた所を意味している。

筆者も同感である。朝鮮半島は、大陸につながる立地にあり、ヤマトの国の支配地は半島南部にもあり、此地は支配地が全て見渡せる所にあり、外交上も国防上も位置的に優れていると言いたかったのではないか。

また、「笠沙の御前に真来通りて」について、古くから西都原台地は笠狭《かささ》の御碕《みさき》と称されていた（一八二五年〈文政八〉『笠狭大略記《かささたいりやくき》』児玉實満《じつまん》〈実満《さねみつ》とも〉）という。地元の国学者児玉實満は、その伝承地域として台地の南東部、三宅神社付近を中心とした一帯を想定したという。「かさ」という古語には、「高い所」という意味もある。台地を「かさ」と称したのかもしれない。

このあたりは七世紀半ば、律令国家のもと「日向国」（現在の宮崎県と鹿児島県）の国府（現在の県庁にあたる国の役所）が置かれた地でもある。その後、八世紀初頭には、薩摩国、大隅国が分立した。

律令国家とは、律令制度に基づいて支配を行った天皇を中心とする中央集権的国家をいう。

宮崎市から西都市方面を地図で見る。宮崎市の北北西方角に進路を取ると、現在では国道二一九号線がほぼ真っ直ぐに続いていて西都市に入ると三宅神社がある。その向こうには、西都原古墳群が悠々と広がっているのだ。

古語の「御前《おまへ》」には、「貴人や神仏の前。貴人や神仏を敬って言う」という意味がある。「笠沙《かささ》の御前《みさき》」とは、「御陵の御前《おまへ》」という意味ではなかったか。

地図を見ると宮崎市・西都市・朝鮮半島の釜山が一直線上にあることに気づかされる。

ところで、宮崎市北部に「住吉《すみよし》」という地名がある。『古事記』にいうニニギノミコトの「此地はいと吉き地」というおことばを受けて「住吉（住むに吉し）」という地名が残ったのではないか。

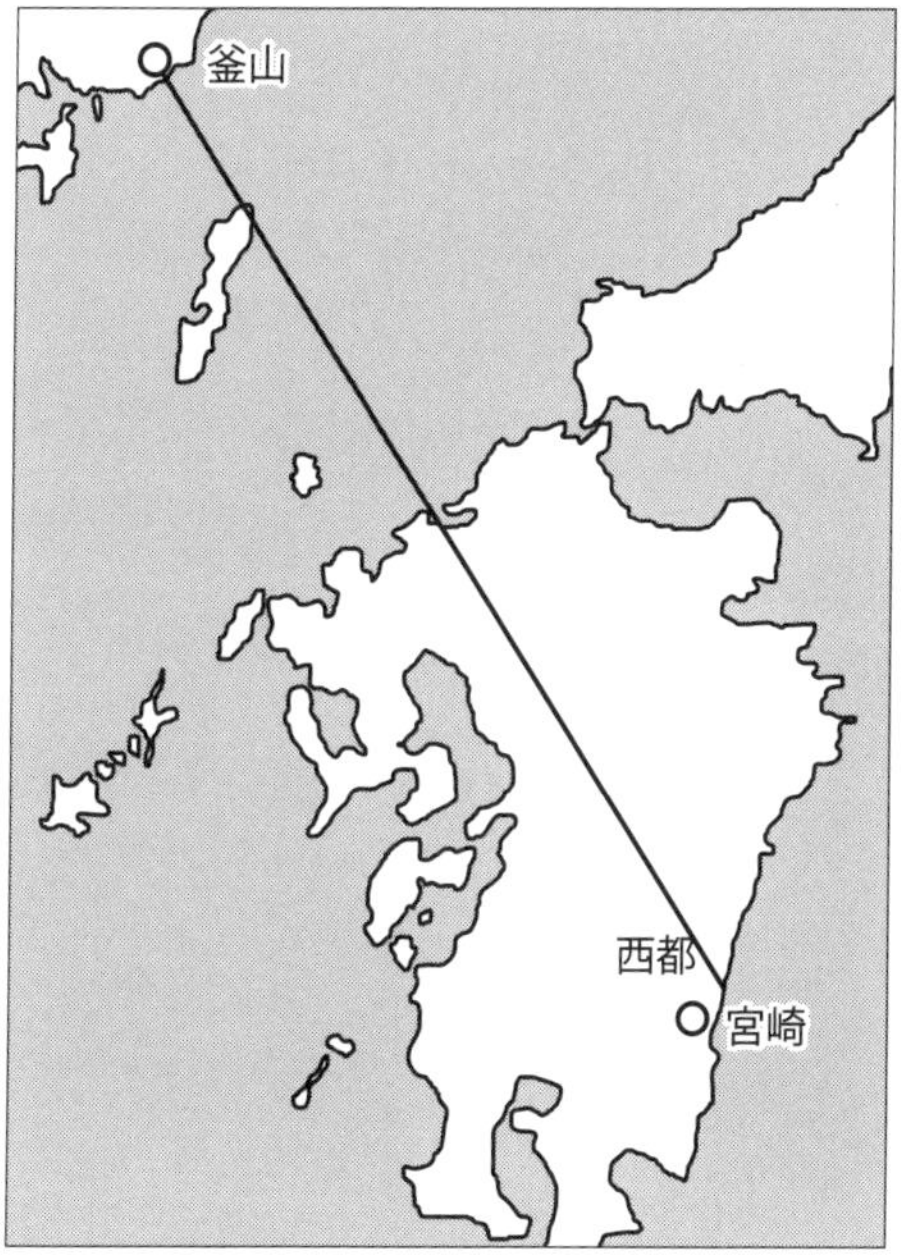

宮崎市—西都原古墳群—釜山

単なる偶然。他県にも「住吉」という地はあるし。筆者のこじつけ・妄想に過ぎないか。

「住吉」から南へ、海岸線に沿って山崎町・阿波岐原《あわきがはら》町・新別府町・吉村町・大淀川河口付近と現在は町が延びている。

古代は、入り江があり、上つ瀬・中つ瀬・下つ瀬に、それぞれ住吉神社・江田神社・小戸《おど》神社があったという。一六六二年（寛文二）、日向灘沖で発生したマグニチュード7・6〜7・9の外所《とんどころ》地震による大津波により、これらの神社は被災を受け、社殿や貴重な歴史遺産を失い、壊滅的な被害を受けたと伝わっている。

住吉神社は全国に二千を数える住吉神社の本宮といわれている。

江田神社の御祭神は、イザナギノミコト・イザナミノミコトの夫婦神である。神社の北東五百メートルほどの所にある「みそぎ池」は、ニニギノミコトが黄泉《よみ》の国から帰り、禊《みそ》ぎをされた所と伝わる。黄泉の国とは死人の行く世界のことである。

江田神社の南西四キロほどの所には、神武天皇をお祀りする宮崎神宮もある。

小戸《おど》神社は、もと大淀川河口にあったが、大津波で海中に没したので、その後さまざまな地を経て現在地（宮崎市鶴島）に移転したという。

全国の神社であげられる「祝詞《のりと》」の冒頭にこのあたりの地が出てくる。（傍線部）

「掛《か》けまくも畏《かしこ》き、伊邪那岐大神《いざなぎのおほかみ》、筑紫《つくし》の日向《ひむか》の橘《たちばな》の小戸《をど》の阿波岐原《あはぎはら》に、御禊祓《みそぎはら》へ給《たま》ひし時《とき》に生《な》り坐《ま》せる祓戸《はらへど》の大神等《おほかみたち》、諸諸《もろもろ》の禍事《まがごと》、罪、穢《けがれ》有らむをば祓《はら》へ給《たま》ひ、清《きよ》め給《たま》

みそぎ池

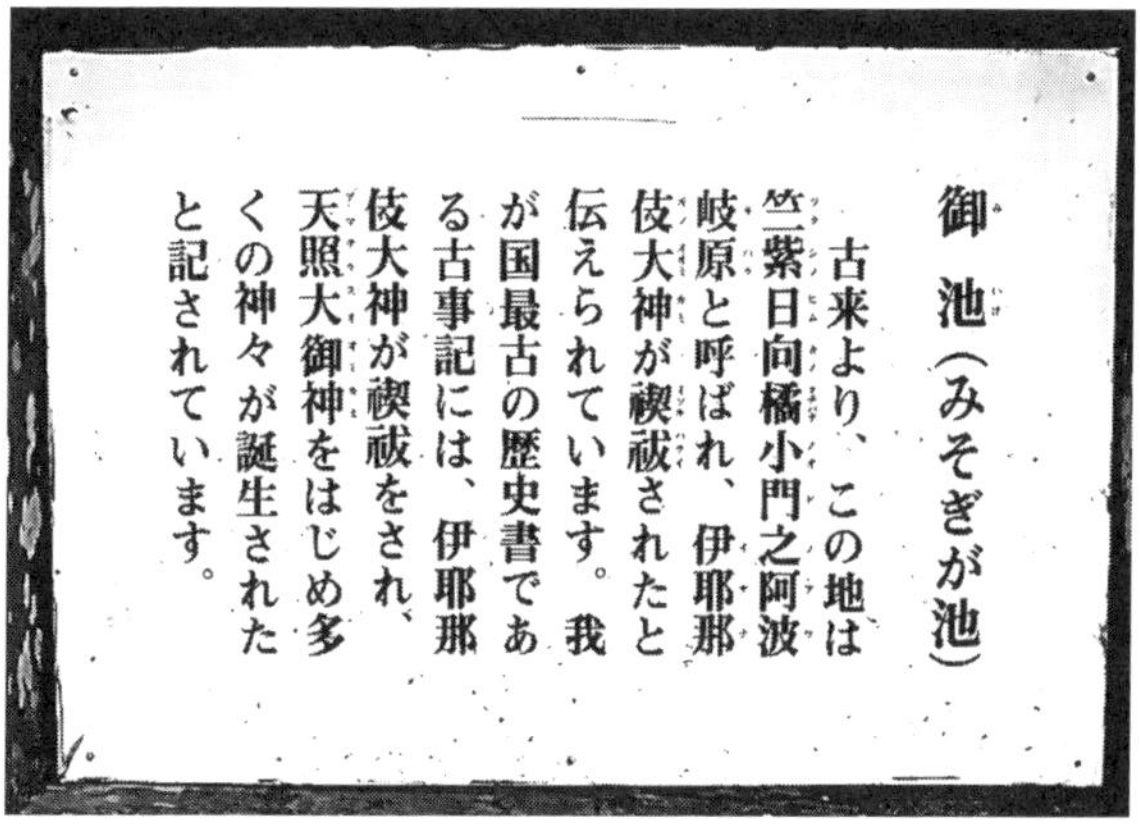

御《み》池《いけ》（みそぎが池）
古来より、この地は竺紫日向橘小門之阿波岐原と呼ばれ、伊耶那伎大神が禊祓されたと伝えられています。我が国最古の歴史書である古事記には、伊耶那伎大神が禊祓をされ、天照大御神をはじめ多くの神々が誕生されたと記されています。

へと曰《まを》す事を、聞《き》こし食《め》せと恐《かしこ》み恐《かしこ》みも曰《まを》す」（『日本神祇由来事典』）

『住吉郷土誌』も言うように宮崎市には、橘通り、橘橋、、橘公園、小戸神社、小戸之橋、阿波岐原町、阿波岐原森林公園等、「禊はらい」の神話にちなんだ地名や名称がたくさん使われている。

「橘」と言えば、宮中の正殿、紫宸殿《ししんでん》の階《きざはし》の両側に植えられている「左近《さこん》の桜」「右近《うこん》の橘」が思い出される。橘は、現在、文化勲章にかたどられてもいる。

橘通りは、宮崎市街地を南北に走るメインストリートである。この通りと町の中心部あたりでほぼ垂直に交叉して、片方は宮崎駅へと続く通りを高千穂通り（「高千穂」は、天孫降臨の伝説地）という。

『日本書紀』天孫降臨場面は、次のようである。

日向《ひむか》の襲《そ》の高千穂峰《たかちほのたけ》に天降《あまくだ》ります。既《すで》にして皇孫の遊行《いでま》す状《かたち》は、槵日《くしひ》の二上《ふたかみ》の天浮橋《あまのうきはし》より、浮渚在平処《うきじまりたひら》に立たして、膂宍《そしし》の空国《むなくに》を頓丘《ひたを》より覓国《くにま》ぎ行去《とほ》り、吾田《あた》の長屋《ながや》の笠《かさ》狭《さ》の碕《みさき》に到《いた》ります。

（日向《ひむか》の襲《そ》の高千穂峰《たかちほのたけ》に天降《あまくだ》られた。こういう次第で、そこから皇孫が出歩かれる様子といえば、櫛日《くしひ》の二上《ふたかみ》の天浮橋《あまのうきはし》から、浮島《うきしま》の平らな所に降り立たれ、瘦《や》せて不毛の国から丘続きに良い国を求めて歩かれ、吾田《あた》の長屋の笠狭《かささ》の碕《みさき》にお着きになった。）

注・二上↓峰が二つある聖山

『古事記』の「みさき（御前）」が、『日本書紀』では、「みさき（碕）」となっている。『日本書紀』の、この部分の解釈により、ニニギノミコトは朝鮮半島からやって来たという説を唱える人もいる。吾田の長屋の笠狭の碕とは、鹿児島県南さつま市の野間岬を指し、このあたりは遣唐船などがよく漂着したところであったという。『日本書紀』だけを見ると、そういう風にもとられかねない。ニニギノミコトがやって来た地は鹿児島県の笠狭の碕となるだろう。しかし、筆者は、この説に同意できない。

なぜなら、『古事記』のいう「此地」は、「朝日の直《ただ》さす国、夕日の日照《ほて》る国」であるからだ。

「朝日の直さす国」とは、何も、さえぎるものがなく、朝日がストレートに強く肌を刺す国という意味である。宮崎県の年平均気温は約十七度（気象庁気象観測統計）、快晴日数も多く、日照時間も長い。「日本のひなた（日向）」と言われている。「夕日の日照る国」とは、残照が美しく映える国という意味だろうか。

かのノーベル文学賞受賞作家として有名な川端康成も来県の折、宮崎市の夕日を目のあたりにして、「こんな美しい夕日を今まで見たことはない」と大絶賛したという。

その折のエピソードが次のように紹介されている。

思わず「何でしょう」と、聞きかえすと、

「夕日です。すばらしいではないですか」

と、川端は答えた。

西の山々の低まりの果てに、折しも太陽が沈もうとしていた。

太陽は、めらめらと燃えているようだった。いつも眺める夕日より、ずっと大きく感じた。

川端は、しばらく無言だった。私は何か言おうとしたが、それをさえぎるような真剣なまなざしだった。

夕日は、あっという間に沈んだ。つるべ落としという言葉そのものであった。

「行きましょう」と、しばらく時間がたって川端が言った。

「こんなに美しい夕日は、はじめてです。すばらしいですね。本当にすばらしい」

と、川端は、自分に言い聞かせるように讃嘆した。

飛行機の中で、川端は、ずっと『古事記』を読み続けていた。

「朝日の直射《たださ》す国、夕日の日照る国」

その日向路への旅を、川端は思い続けていたのかも知れない。

（「夕日に魅せられた川端康成と日向路」渡辺綱纜《つなとも》　より）


宮崎県地図を広げてみる。九州地図を広げてみる。宮崎県は、南北に長い地形で東側は、ゆるやかな海岸線が、ほぼ南北に真っ直ぐに走っている。海に真向かうと、その先には雄大な海洋（日向灘・太平洋）が広がり、反対側の西側は山並みが連なり（九州山地）、宮崎平野は天然の要塞《ようさい》に囲まれている。

東からの太陽は水平線から昇ってくるが、さえぎるものがない。西に沈む夕日は、しばらく山の端《は》にとどまるのであった。このような雄大な地形は、九州には宮崎県以外無いと思える。

太古において、この地形は、国を維持するにあたって、他国に比べ、はなはだ、有利なものでなかったか。外敵が侵入するにあたっては、よく見える位置にあったのではないか。逆に外敵は入りにくかったであろう。

一方、現在の宮崎県は「陸の孤島」と言われて久しい。九州新幹線も宮崎県・大分県は置き去りとなり、現在も、交通の便悪く、隣県に出るのにも随分と時間がかかる。

交通の利便性は、地域の発展の為に重要である。

古代、日向国は守るに好立地であったが、他地へ行くのに陸路を取れば、古代は現代の比ではなかっただろう。

しかし、その不利な条件は、逆に人々の眼を海洋の先に向けさせた。

山地が多く、船を造るに最適の木材に恵まれた。山から切り出した木材は、筏に組んで川の流れを利用し、下流の平地に運ぶ。外国の海洋技術や文化をも柔軟に取り入れられる、解放的で大らかな日向人気質。

それらが合わさった時、必然的に、そこに、都遷《うつ》り、統一国家づくりの源流が生まれたのではなかったか。

二〇二一年の宮崎県のスギ丸太生産量（農林水産省の木材統計に基づく）が三十一年連続で日本一となったことを新聞やラジオが伝えていた。二位は秋田県、三位は大分県だそうだ。スギ以外の針葉樹や広葉樹を含めた総数は北海道に次いで二位だった。

神話の世界に、海幸彦、山幸彦の神々が登場するが、宮崎県は南北に細長く、県東が海岸線に沿って、西側にある山地は県の約七割の面積を占めている。まさしく、海の幸、山の幸に恵まれていた。

また、ニニギノミコトが天降った地上の国は、『田辺聖子の古事記』では、

「豊蘆原《とよあしはら》の水穂国《みずほのくに》」～葦がゆたかに茂り、稲の穂がゆたかにみのり、みずみずしくおいしいお米がたっぷりと収穫できる国である。

次田真幸訳の『古事記』では、

「豊《とよ》葦原の千秋長五百秋《ちあきながいほあき》の水穂国《みずほのくに》」～いく千年にわたって長久に穀物の豊かに成育す

る葦原で稲の盛んに成長する国である。

つまり、稲の豊穣の国。きれいな水に恵まれ、気候が温暖で、自然環境が良く、農作物が豊かに育つ国という意味であろうか。邪馬台国は、そういう国であった。

『宮崎のトリセツ』には、次のようにある。

「宮崎県は県域の約七五％を山地が占め、農地の割合は約九％にすぎない。それでも農業産出額は全国五位（二〇一九年）と、全国屈指の農業県の顔をもっている。

その最大の理由は気候だ。宮崎県は古来の「日向国」の名のごとく、年間の日照時間が長く、温暖という特徴がある。また、台風が上陸することもあるが、年間降雨量は平均的で、作物の生育に適した環境にある。そのため、宮崎県では四季折々さまざまな農作物が容易に生産できるのだ。」

また、宮崎県のホームページには、次のようにある。

「九州地方の東部に位置する宮崎県は「日本のひなた」と称するほど日照時間や快晴日数が多く、平均気温も高い温暖な気温に恵まれています。宮崎県では独自に「ひなた指数」という指標を用いており、これは平均気温、日照時間、快晴日数をもとに算出するものですが、宮崎県はひなた指数で日本一となっています。」

『古事記』と『日本書紀』の成り立ちの違いを次に記したい（『広辞苑』より）。

『古事記』↓現存する日本最古の歴史書。三巻。稗田阿礼《ひえだのあれ》が天武天皇の勅《ちょく》で誦習《しょうしゅう》した帝紀《ていき》および先代の旧辞《きゅうじ》を、太安万侶《おおのやすまろ》が元明天皇の勅により撰録して七一二年献上。天皇を中心とする日本の統一の由来を物語っている。

『日本書紀』↓奈良時代に完成したわが国最初の勅撰の正史。神代から持統天皇までの朝廷に伝わった神話・伝説・記録などを修飾の多い漢文で記述した編年体の史書。三〇巻。七二〇年舎人《とねり》親王らの撰。

辞典から抜粋してみて、『古事記』と『日本書紀』の違いについて比較してみた。素朴な疑問が出てきた。『古事記』は現存する日本最古の歴史書である。これは理解できるが、『日本書紀』が「わが国最初の勅撰の正史」とは、どういう意味なのだろうか。『古事記』は、勅撰ではないということなのか。そうでなく、『古事記』は、正史ではないということなのだろう。

『古事記』は、国内向けに書かれ、その八年後に書かれた『日本書紀』は、中国を念頭に、外国向けの日本の史書であると言われる。また、国内外のかなり多くの史料をもとに舎人《とねり》親王ら朝廷の複数の役人によってまとめられたともいう。『古事記』と『日本書紀』に書かれている内容の多くは同じで重なっているが、幾分異なる箇所も見られる。また、『日本書紀』には『古事記』に書かれた内容がスッポリ抜けたり、別の内容が入ってくることもある。

ということは、外国を意識しながら、また、かなり多くの史料をもとにしたので、「ここは、古事記が間違っていたのでは？」「古事記のこの地はこっちだったのでは？」「この部分は不要では？」となり、書き換えられた箇所もあったのであろう。書き換えたは良いが、逆に、前の方が正しかった・適切だったという例もあったかもしれない。これは筆者の我田引水になるのだろうか。

その4　物語る埴輪

前述の宮崎県新富町の百足塚《むかでづか》古墳は、古墳時代後期（六世紀頃）の築造と言われる墳長約八十メートルの前方後円墳で、西日本でも有数の形象埴輪約六十体が出土したことで有名である。その中に天岩屋《あめのいわや》伝説の天宇受売命《あめのうずめのみこと》を連想させる埴輪「踊る女性」がある。

『田辺聖子の古事記』を引用する。

　これで準備は成った。
いよいよ、天宇受売命《あめのうずめのみこと》の出番となる。女神の宇受売命は、天《あめ》の香具山《かぐやま》の日陰蔓《ひかげのかずら》をたすきにかけ、まさきの葛《かずら》を髪飾りにし

「踊る女性」
（新富町教育委員会所蔵）

て、笹《ささ》の葉を手に取り、天の岩戸の前に桶《おけ》を伏せてとどろと踏み鳴らして、踊りはじめた。踊りがたかまるにつれ、神がかりのように烈《はげ》しく舞い狂い、胸乳《むなち》もあらわに、裳《も》の紐《ひも》を陰部《ほと》までおし垂らして乱舞した。陰部をあらわすのは、清新な命のよみがえりを祈念する、まじないである。

これを見てたくさんの神々は、高天原《たかまがはら》もゆりひびくほど、どっと笑ってはやし立てた。

この踊りの意味を田辺聖子は「清新な命のよみがえりを祈念する、まじない」としている。この部分は原文にはない。岩戸こもりは、天照大神の死を意味していると田辺聖子も認識していたことがわかる。だからこそ、天照大神の再生を願ったと解釈しているのである。

一方、『日本書紀』では、この踊る場面は次のようになっている。

また猿女君《さるめのきみ》の遠い先祖の天鈿女命《あめのうずめのみこと》は、手に茅纏《ちまき》の矛をもって、天の岩戸の前に立って、巧《たくみ》に踊りをした。また香具山《かぐやま》の榊を頭飾《かみかざり》にし、ひかげのかずらをたすきにし、かがり火を焚き、桶を伏せてその上に乗り、神憑《かみがか》りになったように喋り踊った。

後世、神話のあの舞台は、当地だったと、人々は神話の里を自負して主張した。おらが町起こしもあり、ピーアールに努め、エピソードを物語り、立て札を設置したりした。

しかし、八世紀の神話作成よりも前の時代に、神話内容を物語っている埴輪は、嘘をつかないのではないだろうか。

『古事記』『日本書紀』を読み、神話の中の埴輪を造り、古墳に埋めるという作業は誰もしないだろうし、できないだろう。文字がまだ無かった時代、人々は出来事の数々を口伝えや造形で表した。土で造られ焼かれたものは残り、バラバラに砕かれても再現され、古代の人々の思いは現代に伝えられたのである。

その5　邪馬台国の倭人の習俗

「倭人伝」中の邪馬台国の倭人の習俗には、後の大和王権・大和朝廷の時代の人々との共通点を感じさせるものがある。

①『死後の世界をどうとらえるか』

「倭人伝」から、

「其死有棺無槨、封土作冢、始死停喪十餘日、當時不食肉、喪主哭泣、他人就歌舞飲酒、已葬、擧家詣水中澡浴、以如練沐。」

其の死には棺有るも槨《かく》無く、土を封《ふう》じて冢を作る。始め死するや停喪《ていそう》十餘日、時に當《あた》りて肉を食はず、喪主哭泣《こくきゅう》し、他人歌舞飲酒に就《つ》く。已《すで》に葬れば、擧家《きょか》水中に詣《いた》りて澡浴《そうよく》し、以て練沐《れんもく》のごとくす。

【人が死ぬと、棺に収めるが、(その外側の入れ物である) 槨はない。土で封じて盛った墓を造る。始め、死ぬと死体を埋めないで殯《かりもがり》する期間は十余日。その間は肉を食べず、喪主は泣き叫び、他人は歌い踊って酒を飲む。埋葬が終わると一家そろって水の中に入り、洗ったり浴びたりする。それは（白い絹の喪服を着て沐《もく》浴する）中国の練沐のようなものである。】

注・「殯」→現代で言う「通夜《つや》」のこと。

埋葬が終わると、一家そろって水の中に入り、水を浴び体を洗ったりして死の汚《けが》れを祓《はら》っている。

『古事記』の中の一場面、

ここにその妹《いも》伊邪那美命を相見むと欲《おもほ》して、黄泉国《よみのくに》に追ひ往きましき。

（そこでイザナキノ命は、女神のイザナミノ命に会いたいと思って、後《あと》を追って黄泉国に行かれた。）

〈中略〉

ここを以ちて伊邪那伎大神《いざなきのおほかみ》詔《の》りたまはく、「吾はいなしこめしこめき穢《きたな》き国に至りてありけり。かれ、吾は御身《みみ》の禊《みそぎ》せむ」とのりたまひて、筑紫《つくし》の日向《ひむか》の橘《たちばな》の小門《をど》の阿《あ》波岐原《はきはら》に到りまして、禊《みそ》ぎ祓《はら》へたまひき。

（このようなわけで、イザナキノ大神が仰せられるには、「私は、なんといやな穢《けが》らわしい、きたない国に行っていたことだろう。だから、私は身体を清める禊《みそぎ》をしよう」と仰せられ、筑紫の日向《ひむか》の橘の小門《おど》の阿波岐原《あわきはら》においでになって、禊ぎ祓《はら》えをなさった。）

注・しこめしこめき↓醜悪な

・禊↓身についた穢れを、海や川の水で洗い清める宗教儀礼。

・禊ぎ祓へ↓禊ぎによって、罪穢れや災《わざわい》をことごとく祓い清めること。

『日本書紀』には、この場面は次のように出てくる。

（伊弉諾尊《いざなぎのみこと》が帰られて悔《く》いていわれるのに、「私はさきにひどく汚い所に行ってきた。だから私の体の汚れたところを洗い流そう」と出かけて、筑紫《つくし》の日向の川の落ち口の、橘《たちばな》の檍原《あわきはら》に行かれて、禊《みそ》ぎはらいをされた。体の汚い所をすすごうとして言葉に出していわれるのに、「上の瀬は大へん流れが速い。下の瀬は大へん流れが弱い」と、中の瀬ですすぎをされた。）

「倭人伝」『古事記』『日本書紀』に共通しているのは、死者の行く黄泉の国は、「なんといやな穢らわしい、きたない国」なのである。人の死を「忌《き》」とし、汚《けが》れとして清めるという考え方は、神道《しんとう》の考え方とも共通している。

神道とは、皇室の祖先である天照大神や国民の先祖である神がみの崇拝を中心とする宗教（「新明解国語辞典」より）である。

今の私達の生活の中にも、そのようなことがある。神道のお葬式から帰宅すると、私達は、式場の出口や自宅の玄関先で、もらってきたお塩を体にかけてお清めをする。また、お通夜等でも、一般客は、歌い踊ってとまではいかないが、その席は、ややもすると宴会場になったりしている。

「記・紀」の中で、アマテラス大神が岩戸におこもりになった場面があるが、これはアマテラス大神のお葬式が行われていたと思われる。手力男《たぢからを》の神が岩戸からのぞいたアマテラス大神を引き出す時に使われた「尻久米縄《しりくめなわ》」は、現在、神社で使われている聖域を表す

「注連縄《しめなわ》」と同じ性質のものであろうと言われる。

②『占《うらな》う』

「倭人伝」から、

「其俗擧事行來、有所云爲、輒灼骨而卜、以占吉凶、先告所卜、其辭如令亀法、視火坼占兆。」

其の俗擧事行來に、云爲する所有れば、輒《すなわ》ち骨を灼《や》きて卜《ぼく》し、以て吉凶を占ひ、先ずトする所を告ぐ。その辭は令亀《れいき》の法のごとく、火坼《たく》を視て兆を占ふ。

【その風俗では、何かをする時や、何処かへ行き来する時、ひっかかりがあると、すぐに骨を焼いてトし、吉凶を占う。先にトする内容を告げるが、その言葉は中国の占いである令亀法に似ている。火によって出来た裂け目を見て、兆しを占うのである。】

「何かをする時や、何処かへ行き来する時、吉凶を占う」のは、後の平安時代の貴族の日常生活でも行われている。例えば、東の方角に向けて出かけようとする。陰陽道《おんみょうどう》(陽は「よう」とも)で占ってもらうと、方角が悪いとお告げが出た。そこで、災いを避けるため、別の方角、例えば、南方角の家に向けて出かけ、そこに泊まり、翌朝は北東の方角になった目的地を目指すというような具合である。所謂《いわゆる》「方違《かたたが》へ」といわれるものである。

注・陰陽道→古代中国の「陰陽五行説」にもとづいて、天文・暦数・占いなどを行う学問。吉を招き禍《わざわい》を避けることを目的に、占いや呪術《じゅじゅつ》を行《おこな》った。律令制下で陰陽寮《おんようりょう》が置かれ、平安時代には特に影響力を持ち、国家の方策から個人の生活にまで深くかかわった。(「古語林」大修館書店)

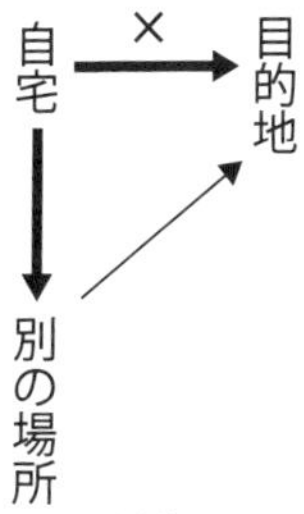

「方違《かたたが》へ」

まあ、科学を知らない古代人が不可思議な現象や、自然界の変化などに接した時、自分達の及ばない何か大きな見えない力を感じ、迷信深くなっていたのは現代人の比ではないだろう。

③『社会秩序』

「倭人伝」から、

「其俗國大人皆四五婦、下戸或二三婦、婦人不淫、不妒忌、不盗竊、少諍訟、其犯法、輕者沒其妻子、重者滅其門戸及宗族、尊卑各有差序、足相臣服、收租賦、有邸閣、國國有市、交易有無、使大倭監之。」

其の俗、國の大人《たいじん》は皆四・五婦、下戸《げこ》も或は、二・三婦。婦人淫《いん》せず、妒忌《とき》せず。盗竊《せつ》せず、諍《そう》訟少なし。その法を犯すや、輕き者は其の妻子を沒し、重き者は其の門戸及び宗族を滅す。尊卑各ゝ差序有り、相臣服するに足る。租賦を收む、邸閣有り、國國市有り。有無を交易し、大倭をして之を監せしむ。

【その習俗では、国の大人はみな四、五人の妻を持ち、下戸でも二、三人の妻を持つ場合がある。婦人は貞節で嫉妬しない。窃盗せず、訴えごとも少ない。その法を犯すと、軽いものは妻子を没し（奴隷とし）、重いものはその一家や一族を没する。尊卑にはそれぞれ差や序列があり、上の者に臣服して保たれている。租税を収め、高床の大倉庫がある。国々に市があって有無を交易し、大倭にこれを監督させている。】

倭人は、四、五人の妻を持ち、下戸でも、二、三人の妻がいて（一夫多妻制）、人々の間には身分などの上下関係が有り（身分制）、下位者は上位の者に敬意を払い共同体の秩序が保たれている。倫理観を持ち、法を犯す者は少ない。悪事を為すと一族連座制（法制、罰則有り）。租税制度もあり、経済システムも構築されている。と「倭人伝」はいう。この邪馬台国の倭人の習俗は、後の我が国の貴族社会（その後の武家社会）の生活方式や価値観につながっていったと思われる。

④『礼儀正しさ』

「倭人伝」から、

「下戸與大人相逢道路、逡巡入草、傳辭説事、或蹲或跪、兩手據地、爲之恭敬、對應聲曰噫、比如然諾。」

下戸、大人と道路に相逢へば、逡巡《しゅんじゅん》して草に入り、辭《じ》を傳《つた》へ事を説くには、或は蹲《うずくま》り或は跪《ひざまず》き、兩手は地に據《よ》り、之が恭敬《きょうけい》を爲す。對應《たいおう》の聲《こえ》を噫《あい》と曰ふ、比するに然諾《ぜんだく》のごとし。

【下層階級の者が貴人に道路で出逢ったときは、後ずさりして（道路脇の）草に入る。言葉を伝えたり、物事を説明する時には、しゃがんだり、跪いたりして、両手を地に付け、うやうやしさを表現する。貴人の返答の声は「アイ」という。比べると（中国で承知したことを表す）然諾と同じようなものである。】

③でも身分などの上下関係と秩序について触れたが、ここでは、それに関するところの礼儀正しさである。日本人の礼儀正しさについては現代社会では国際的評価を得ているが、それは一朝一夕に成り立ったものではなく、古代から始まっていた、深く根付いたも

のであったのである。

ところで、この古代人の礼儀正しい姿を現代の我々に「倭人伝」だけでなく伝えてくれるものがあった。拙著八十三ページに戻って埴輪写真をご覧になっていただきたい。

宮崎県児湯郡新富町の新田原《にゅうたばる》古墳群百足塚《むかで》古墳から発掘された「跪《ひざまず》く人」である。初めて、この埴輪に出会った時、モダンな雰囲気をただよわす女性かと見まがえた。よくよく見ると、男性である。まず、頭髪。角髪《みづら》（美豆良《みづら》）と言われるもので古代の男性の髪型である。帽子のようなものをかぶっている。また、身につけているものは軍服（よろい）で武人であるという。

⑤『刺青《いれずみ》』

前出。倭人伝に「朱丹を以て其の身體に塗る」とあった。

古事記（『田辺聖子の古事記』より）に次のように「刺青をした眼」が出てくる。

大久米命《おおくめのみこと》が、神武天皇の恋の仲介役をする場面である。

そこで大久米命《おおくめのみこと》は、天皇のおことばを、伊須気余理比売《いすけよりひめ》に伝えた。姫は、それよりもまず、大久米命の刺青《いれずみ》をした眼に、関心をもったようだった。「久米の子ら」、久米部の男達は、武人だから、目を大きく、鋭く見せるため、眼のまわりに刺青をほどこしているのだった。

伊須気余理比売は、その眼をふしぎに思って歌った。

あめ　つつ
千鳥《ちどり》　ましとと
など黥《さ》ける利目《とめ》

【あま鳥、せきれい、
千鳥、頬白《ほおじろ》
まるでそんな鳥の眼みたい
あなたの眼は
なぜ刺青して鋭いの】

すると、大久米命は答えて歌った。

媛女《をとめ》に
直《ただ》に遇《あ》はむと
わが黥《さ》ける利目《とめ》

【美しい娘さんを
この目で見つけようとて
わたしの眼は刺青をして鋭いのです】

その乙女は、求婚を受け入れて、
「お仕えいたしましょう」
といった。

舞台は、大和の国（奈良県）の高佐士野《たかさじの》である。この話は、姫のまわりに、こんな「刺青をした眼」をした男がいなかったことを物語っている。天皇からのプロポーズのことばよりも何よりも「刺青をした眼」にまず、姫は好奇のまなざしを向けている。

姫は、後に神武天皇の正妻（皇后）になる。大久米命は、神武天皇の近習《きんじゅう》であり、東征に従ったと言われる。眼のまわりの縁取りは赤く描かれていなかっただろうか。

注・近習→主君のそば近くに仕える者。

その6　ヒミコとアマテラス

「倭人伝」は次のようにいう。

「名曰卑彌呼、事鬼道、能惑衆、年已長大、無夫壻、有男弟、佐治國、自爲王以來、少有見者、〈中略〉宮室・樓觀・城柵嚴設、常有人持兵守衞。」

名づけて卑彌呼《ひみこ》と曰ふ。鬼道に事《つか》へ、能《よ》く衆を惑はす。年已に長大、夫壻《ふせい》無く、男弟有り、佐《たす》けて國を治む。王と爲りしより以來、見る有る者少なく、〈中略〉宮室・樓觀《ろうかん》・城柵《じようさく》、嚴《おごそ》かに設け、常に人有り、兵を持して守衞《しゆえい》す。

【名は卑弥呼という。鬼道の祀《まつ》りを行い人々をうまく惑わせた。非常に高齢で、夫はいないが、弟がいて国を治めるのを助けている。王となってから、まみえた者はわずかしかいない。〈中略〉宮殿や高楼は城柵が厳重に作られ、常に人がいて、武器を持ち守衛している。】

例・「鬼道」→幻術。妖術。（広辞苑）

邪馬台国の女王卑弥呼＝皇祖アマテラス大神という人達も多い。筆者も、両者には共通点がたくさんあると感じる側に立つ。

両者とも、女王。出身地が同じ。独身。弟がいる。国を治めている。

神話の中のアマテラスは、前述のイザナキノミコトが黄泉国から帰ってきて日向国の阿波岐原（檍原）で禊ぎをした時に生まれた（『古事記』『日本書紀』）ということになっている。『古事記』では次のようである。

このとき、イザナキノ命はたいそう喜んで仰せられるには、〈中略〉首飾りの玉の緒を、ゆらゆらと揺り鳴らしながら、天照大御神にお授けになって仰せられるには、「あなたは高天原をお治めなさい」とご委任になった。

注・高天原《たかまがはら》↓天上界

『日本書紀』では次のようである。

それから後、左の眼を洗われると、お生まれになった神を、天照大神《あまてらすおおみかみ》という。〈中略〉「天照大神《あまてらすおおみかみ》は高天原を治めなさい。〈後略〉」

卑弥呼がヒムカ国の女王なら、出身地は同じということになる。

「倭人伝」中の卑弥呼は、武器を持った多くの傭兵に囲まれた宮殿の奥深くに住んでいる。あまり、姿を見せず、人にも会わない。毎日、お祈りして国を治めていて(「倭人伝」曰く「鬼道《きどう》に事《つか》へ、能《よ》く衆を惑はす」)実務は、その他の者に任せている。

一方、アマテラス大神は、『日本書紀』の中に、次のように登場している。
天照大神が新嘗《にいなめ》の祭《まつり》（新穀を神にお供えする祭事）を行っておられるときに、

この両者の姿は、現代の皇室の天皇のお姿に重なってくる。天皇陛下は、宮中《きゅうちゅう》で国家の安泰と国民の幸せを常に祈られていて、年間三十回を超える宮中祭祀《さいし》もされていると聞く。

また、卑弥呼とアマテラス大神の名前も酷似《こくじ》している。卑弥呼＝ヒミコ→ヒミカ→ヒムカ（日向）＝日が向かう。アマテラス（天照）＝天地《あめつち》を照らす。両者とも、その呼称は太陽を意味している。

両者の名前は次のようにつながる。
天照日《アマテラスヒ》（の）向《ムカ》（う）→日出《い》づる

万物に生きる力を与える太陽は、古代の人々が最も尊崇・畏敬した神であった。それは、人々の生活、心のよりどころである自然界の中心に輝くものである。農耕民族が祖先であった我々は、現在に至るまで、その思いをＤＮＡの中に確かに受け継いでいる。

参考文献・引用文献　順不同・敬称略

『魏志倭人傳』和田清　石原道博　編訳
『古事記(上)(中)全訳注』次田真幸
『田辺聖子の古事記』田辺聖子
『日本の古典をよむ　日本書紀上』小島憲之・直木孝次郎・西宮一民・蔵中進・毛利正守
『日本書紀(上)全現代語訳』宇治谷孟
『新日本古典文学体系24　土佐日記』長谷川政晴　今西祐一郎　伊藤博　吉岡曠　校注
『邪馬台国99の謎　どこに在り、なぜ消えたのか』松本清張　編
『天皇家の〝ふるさと〟日向をゆく』海原猛
『最終結論「邪馬台国」はここにある』長浜浩明
『邪馬台国再考—女王国・邪馬台国・ヤマト政権』小林敏男
『邪馬台国は宮崎市にあった！』土田章夫
『九州 古墳・古代遺跡探訪ベストガイド』九州遺跡研究会

『西都原の古墳』日高正晴
『西都原古代文化を探る　東アジアの観点から』日高正晴
『古墳時代の南九州の雄　西都原古墳群』東憲章
『西都原古墳群探訪ガイド』宮崎県立西都原考古博物館
『もっと知りたい宮崎の古代　考古学が誘う　ふるさとの歴史』
宮崎県立西都原考古博物館　編著
『西都原の一〇〇年考古博の一〇年　そして、次の時代へ』宮崎県立西都原考古博物館
『夕日に魅せられた川端康成と日向路』渡辺綱纜
『宮崎のトリセツ』昭文社
『宮崎県謎解き散歩』永井哲雄　編著
『宮崎県大百科事典』宮崎日日新聞社
『図説　花と樹の大事典』木村陽二郎　監修
『宮崎の野鳥』宮崎県林務部・林政課
『日本大百科全書1』小学館
『旧国名でみる日本地図帳　お国アトラス』平凡社

あとがき

先人、先達の貴重な研究成果を参考にさせてもらい、それらをもとに自分なりの考えを構築して、この度、紙面に発表する運びとなった。

私は宮崎県出身者であるが、「おらが村の邪馬台国」のつもりは毛頭ない。

「邪馬台国」が他県にあったとしても、それはそれで良いと思う。

わが故郷にこだわりはない。

それにしても、昔から素朴な疑問を抱いてきた。

「邪馬台国」の所在地に対して、どうして百家争鳴の状態になっているのか。

真実はどうだったのか。

謎とされていることに、事実に少しでも近づきたい思いはあった。

長い間、思いだけであったが、今回ようやく行動に移した。

結果、自分なりの考えをまとめてみたところ、「邪馬台国」はやはり「古代日向国」となった。

邪馬台国論争の中心課題・懸案事項の「水行二十日、陸行一月」の意味は。

「邪馬台国」と「古代日向国」の共通点とは。

「邪馬台国」と「大和王権」「大和朝廷」の関係について。

この三本立てで本書を構成した。

専門家、学者ではないので、非常な素朴さと素直さ（？）と、持てる感性と推理力だけを武器に、大胆に図々しく謎を解いていこうとした。

独自視点で述べたつもりの箇所が既出の場合は、ご容赦願いたい。

拙著に対する様々なご意見、ご感想、ご反響を期待したい。


前著を出版していただき、「邪馬台国」には個人的にも興味があるとおっしゃる佐藤社長に今回もお世話になることになった。

最後になりましたが、この場を借りて郁朋社社長並びにスタッフの皆様方に深く感謝申し上げます。

二〇二三（令和五）年　春　　著者

【著者紹介】

合六　廣子（ごうろく　ひろこ）

1951年　宮崎県宮崎市生まれ
1974年　長崎大学教育学部卒業
2011年　高校教諭定年退職

著書
『歴史スペクトル　百人一首を読み解く』（2014年　鉱脈社）
『受け継がれる思い　裏読み百人一首』（『歴史スペクトル　百人一首を読み解く』改訂版　2016年　鉱脈社）
『定家の文　百人一首の向こう側』（2020年　郁朋社）

不存在《ふそんざい》の証明《しょうめい》　——邪馬台国異聞《やまたいこくいぶん》——

2023年3月13日　第1刷発行

著　者 — 合六《ごうろく》　廣子《ひろこ》

発行者 — 佐藤　聡

発行所 — 株式会社 郁朋社《いくほうしゃ》

〒101-0061　東京都千代田区神田三崎町 2-20-4
電　話　03（3234）8923（代表）
ＦＡＸ　03（3234）3948
振　替　00160-5-100328

印刷·製本 — 日本ハイコム株式会社

落丁、乱丁本はお取り替え致します。

郁朋社ホームページアドレス　http://www.ikuhousha.com
この本に関するご意見・ご感想をメールでお寄せいただく際は、
comment@ikuhousha.com までお願い致します。

 ISBN978-4-87302-782-1 C0095